코리아,
강대국 모드로
전환하라

황태규·박수진 지음

목차

코리아, 강대국 모드로 전환하라

Ⅱ부 : 신(新) 강대국 시민의 탄생

Ⅲ부 : 신(新) 강대국, 코리아의 전략

강대국으로 가는 길

한국은 2019년에 세계에서 일곱 번째로 30-50클럽에 가입했다. '30-50클럽'이란 국민소득 3만 달러, 인구 5천만 명 이상인 국가를 말하며, 여기에 가입했다는 것은 독자적인 국내외시장을 갖춘 경제대국이라는 것을 의미한다. 한국은 일본, 독일, 미국, 영국, 이탈리아, 프랑스에 이어 7번째로 가입했으며, 식민지를 경험한 나라로는 첫 번째다. 30-50클럽 가입이 반드시 강대국이나 선진국임을 뜻하지는 않는다. 강대국이 되려면 강력한 군대와 종합적인 산업체계, 문화적 힘을 가지고 있어야 한다. 한국은 이 세 가지 조건을 다 갖춘 나라가 되었다. 과거 초강대국이었던 러시아는 여전히 강력한 군사력을 가진 대국이지만 선진국이라 할 수 없고, 싱가포르와 룩셈부르크, 북유럽의 3국도 잘 사는 나라지만 인구가 천만 이하의 작은 국가들이므로 강대국은 아니다.

특허 출원율은 중국, 미국, 일본에 이어 세계 4위다. 세계브랜드 가치 평가에서 삼성은 아마존, 구글, 애플, 마이크로소프트에 이어 5위(2020년, 영국 파이낸스)를 차지했고, 조선 3사(현대중공업, 대우조선해양, 삼성중공업)는 자타공인 세계 최고 건조기술력을 보유함으로써 한국 조선업계가 2년 연속 수주 세계 1위를 유지하고 있다. 한국의 전자산업은 메모리 반도체 시장에 힘입어 일본을 제치고 중국과 미국에 이어 세계 3위를 기록했다.

반면에 한국사회는 한국전쟁 이후 계속되는 혼란기에서 아직 벗어나지 못하고 있다. 경제는 지난 70여 년 동안 가파른 경제성장기를 거치면서 고도성장을 했으나, 소득불균등과 자살률 등 삶의 질과 관련된 사회지표는 악화한 것으로 나타났다. 국가와 역사를 바라보는 시각도 지역별 편차가 크고, 세대마다 가치관의 차이도 큰 편이다. 왜 그럴까? 변화의 속도를 따라가지 못하는 사람들, 자신의 경험과 연륜을 고집하는 사람들이 사회의 중심에 있기 때문은 아닐까? 일제강점기, 한국전쟁, 고도성장기, 민주화운동 시기 등 어느 특정 시기에 매몰되어 지적성장을 멈춰버린 사람들이 한국사회의 중심에 서서 여전히 갈등의 핵이 되고 있다. 정치·이념 양극화, 소득 양극화, 세대 간 갈등, 남녀갈등 등의 사회적 갈등이 국가경쟁력을 위협하는 수준에 이르고 있다. 한국은 OECD 국가 중 이스라엘 다음으로 사회통합지수가 낮은 것으로 나타났다(한국보건사회연구원, 2016년)

그래서 조심스럽게 '개혁과 혁신'의 의미를 생각해본다. 개혁이 기존에 있던 것을 바꾸는 과정이라면 혁신은 익숙한 것을 단절하고 새로운 것을 창조하는 과정을 뜻한다. 현재의 대한민국에 필요한 것은 개혁이 아니라 혁신이다. 정치적 의도를 가지고 무언가를 조금 바꾸려고 해서는 문제가 해결되지 않기 때문이다. 따라서 국가와 국민은 대한민국의 위상에 맞게 의식과 체제를 바꾸어야 한다. 현실적으로 강대국 반열에 들어서고 있는데도 의식 수준은 개발도상국 상태에 머물러 있다는 사실을 빨리 깨달아야 한다. 아직도 약소국 입장에서 국가를 설계하고 끌어가고 있다는 사실을 인정하는 것이 국가혁신의 첫걸음이다. 강자의 시각으로 국가체제를 전환하고, 강국의 입장에서 산업전략과 외교전략을 세워야 할 때다. '강대국 운영체제'로의 전환은 우리가 이제껏 단 한 번도 경험하지 못했던 새로운 선택이 될 것이다. 그렇다면 '강대국 운영체제'를 어떻게 갖출 것인가? 세계에는 우리와 같은 역사, 우리와 같은 성장 모델을 가진 나라가 존재하지 않기 때문에 벤치마킹이 불가능하므로 새로운 개념의 강대국론을 제시해야 한다. 서양의 강대국들이 종교, 약탈, 착취를 통한 식민지전략을 사용했다면 우리는 상생과 협력 그리고 보완이라는 관점에서 포용적인 국가 모델을 만들어가야 한다.

이 책의 내용은 '새로운 국가 모델'을 고민하는 과정을 정리한 것이다. 1부에서는 한국을 새로운 강대국으로 바라봐야 하는 근거를 찾으려 했다. 동양사를 통해 한국이 오랫동안 대륙문화와 해양문화의 중심에서 '문명발전의 순환축'이라는 중요한 역할을 했다고 밝히며, 고려를 한국의 강대국 모델로 삼았다. 2부에서는 강대국을 끌어갈 새로운 세대에 관한 얘기를 했다. 기성세대는 아직도 조선시대의 직업차별에 관한 사농공상과 조직사회 중심의 장유유서 등 유교적 행태를 버리지 못하고 있으므로, 기성세대를 대신해 강대국 한국을 이끌 적임자는 청년세대라고 강조했다. 3부에서는 강대국을 유지하기 위한 기본적인 조건에 대해 살펴보았다. 첫째는 우리 민족이 거둔 민주적·산업적 성과를 존중하자, 둘째는 한국의 발전 과정에서 봉사하고 희생한 외국인들에 대한 배려와 감사의 예를 갖추자, 셋째는 강대국이 갖춰야 하는 기본적인 조직과 틀을 만들자고 제안했다.

역사는 관점에 따라 해석이 다를 수 있어 다소 염려가 되는 부분이 있긴 했으나 주변의 여러 지인의 도움으로 원고를 마감할 수 있었다. 한국사회적기업학회 최길현 수석부회장, 농촌진흥청 권택윤 국장, 한국문화관광연구원 전효재 박사, 인천공항공사 구본환 전 사장, 전 청와대 박대규 행정관, 재외동포재단 조형재 부장, WMC 허건식 박사, 책박물관 신윤곤 박사, 신용보증기금 윤태준 본부장, 마인드컨설팅 최훈환 대표는 물론 최근 공동 집필한 국가전략서 『포용 한국으로 가는 길』의 저자분 등 고마운 분들이 많다. 마지막으로 오랫동안 연구실에서 새로운 국가와 지역연구를 함께 한 혁신성장연구소 풍지백 객원 연구원(중국 장춘사범대 교수) 등 해외 교수진과 제자인 송현진, 서흔연 연구원에게 고맙다는 이야기를 전하고 싶다.

2021년 8월

황태규 박수진

밀레니얼 세대가 주도하는 고려성 회복

성경륭 한림대 명예교수

(전 경제인문사회연구회 이사장)

가끔 사람이 사람을 놀라게 하는 경우가 있다. 황태규 교수가 그런 사람 중의 하나다. 2018년에 새로운 국가균형발전전략에 관한 『지역의 시간』을 출간하더니 3년 만에 다시 『코리아, 강대국 모드로 전환하라』는 국가전략서를 낸다고 한다. 뭔가 준비하고 있다는 소식을 듣기는 했으나, 방대한 분량을 집필한 후라 이렇게 빨리 또 다른 원고가 나올 줄은 몰랐다.

그는 지난 2년 동안 여러 차례 중국을 다녀왔다고 했다. 중국 교수들의 박사과정을 맡고 있어서 학교를 방문하는 가벼운 여행인 줄 알았는데, 그의 행선지가 예사롭지 않았다. 우리 역사상 유일하게 중국왕조와 대등한 관계를 유지했던 송나라 시기를 이해하기 위해 중국 허난성의 역사를 탐방했고, 고려가 세 번의 전쟁을 치르면서도 물러서지 않았던 거란과 당대 최강의 대국이었던 북방 대국을 연구하기 위해 내몽골자치구를 찾았다고 했다. 조선의 新산업화를 고민했던 조선 후기 실학자 박지원이 썼던 『열하일기』의 고장인 승덕시와 일본에 의해 청나라에 넘겨졌던 '간도'의 역사가 있는 길림성에도 다녀왔다고 한다. 일본 기행도 이 책과 무관하지가 않은 것으로 보인다. 동아시아 최초의 국제해전인 백제와 일본 연합군이 당나라를 상대로 싸웠던 '백강전투'를 공부하고, '사케'의 제작 방법을 일본에 전해준 백제사람 '인번'의 후손을 찾기 위해 일본에 다녀왔다는 말을 듣고, 그가 동아시아 3국의 역사를 새로운 시각으로 이해하려 노력했다고 생각하며 원고를 읽었다.

그가 해석한 우리 역사의 특징은 이렇다. 첫째는 아시아 역사에서의 '한반도 책임론'이다. 그는 이 책에서 한반도의 책임이 무엇인가를 찾아내는 것이 바로 강대국 한국의 시작이라고 했다. 대륙과 해양국가 사이에서 이민족의 침략에 시달렸던 역사만을 배우고 기억하는 기성세대에게는 다소 낯선 해석일 수 있겠으나 그는 우리나라가 동양 문화사에 어떻게 기여했는지에 초점을 맞추고 있다. 둘째는 한반도의 '정체성과 역할에 대한 정의'이다. 그는 고려의 역사를 통해서 한반도의 정체성과 역할을 찾았으며, 고려의 개방성과 포용성이 '아시아 문명발전의 순환 축'이라고 결론을 내리고 있다. 고려는 현대산업의 첨단분야라고 할 수 있는 정보 IT(고려 금속활자), 바이오 BT(고려인삼), 문화 CT(고려청자)를 발전시키고 완성하여 관련 기술과 완제품을 다시 세계로 전파하는 역할을 했다고 보고 있다. 그가 고려에서 한반도의 정체성과 역할을 찾은 이유는 비교적 간단하다. 주변 강대국의 이질적 문화와 문명을 포용하는 방법으로 주체성을 발휘하고, 결론적으로 아시아 문명의 총화를 이루었다는 점이다. 그가 역사적 교훈으로 언급하는 대목은 고려와 조선의 비교 부분이다. 한반도가 개방성과 포용성을 포기하고 '아시아 문명 발전의 순환 축'이라는 역할을 게을리하면 우리뿐만 아니라 아시아의 선순환 문명체계가 무너지고, 그 순환생태계에 속해있는 주변국도 불행해진다는 것이다.

그의 한국 강대국론은 한마디로 고려성의 회복이다. 그는 고려성을 회복시킬 세대로 밀레니얼 세대를 지목했다. 그들의 가치를 조목조목 기술하면서 고려인의 특징을 가장 많이 지닌 세대가 강대국 코리아의 주체 세력이 되어야 한다고 주장한다. 마지막 장에서는 밀레니얼 세대의 역할을 뒷받침하기 위해 정치권과 정부가 해야 할 사업에 대해 제안했다. 한국이 강대국 모드로 전환하려면 도대체 무엇이 필요한 것일까? 첫째는 유산제도이다. 한국인이 이룬 민주주의 성과에 대한 자부심의 상징 〈민주문화유산〉, 전쟁 후 70년 만에 선진국 반열에 들게 한 기적의 한국 현대산업사 〈국가산업문화유산〉 제도를 만들자는 것이다. 둘째는 개방과 포용에 관한 국가의 태도이다. 다양한 분야에서 한국을 위해 헌신한 외국인을 위한 〈국립외국인묘지〉를 설립하여 개방·포용국가로서의 예의를 지키자는 것이다. 셋째는 강대국의 정체성을 유지하기 위한 정치제도 및 정부 부처의 변화이다. 〈글로컬 상원〉, 〈재외동포청〉, 〈해외농업지원청〉, 〈해외투자청〉, 〈교통관광산업부〉를 개설하여 안정된 세계경영을 지원하고, 〈해외주둔군사령부〉를 설치하여 강대국 국방정책의 면모를 갖추자는 것이다.

큰 그림을 그리면서 그는 많이 설렜을 것이다. 다시 다듬고 또 다듬어야 하겠지만 그의 그림을 보면서 나도 잠시 설레었다. '꿈을 혼자 꾸면 꿈에 지나지 않지만 꿈을 함께 꾸면 반드시 현실이 된다'는 글귀가 생각나는 시간이었다. 그래서 '꿈을 반짝 꾸면 꿈에 지나지 않지만 꿈을 끝까지 꾸면 반드시 현실이 된다'는 것을 그가 꼭 믿었으면 좋겠다. 이 책을 통해 많은 사람이 함께 강대국 한국을 꿈꾸고 그 꿈이 현실이 되기를 기원하며, 그의 수고에 박수를 보낸다.

재외동포를 품은 코리아 강대국

홍성은

레이니어그룹 회장

몸은 비록 바다 건너 타국에 있으나 시시때때로 대한민국의 파워를 실감하면서 살고 있다. 한국은 K-팝을 비롯한 한류 문화로 세계에 큰바람을 일으켰다. 코로나 위기 속에서도 K-방역의 위상을 떨치며 방역 모범국가가 되었다. 이런 시기에 받은 원고라서 그런지 『코리아, 강대국 모드로 전환하라』라는 제목만으로도 가슴이 뛰었다. 명령어가 주는 힘 때문이 아니라 우리가 강대국임을 실감하는 그 순간의 감동들이 되살아났기 때문이다.

나는 사업가로 오랫동안 해외에서 일했고, 한국에는 제법 성공한 재미교포 실업가로 알려져 있다. 여기까지 오는 동안 고독하고 외로운 시간이 길었다. '사업보다 사람이 우선'이라는 철학을 갖게 된 이유도 그만큼 외로웠기 때문이다. 누군가 나에게 성공의 비결을 물으면 좋은 사람을 만나는 것도 운이기에 나는 운이 참 좋은 사람이라고 대답한다. 그리고 세상에는 '흘러가는 방향'이 분명하게 존재하므로 그 방향을 놓치지 않아야 한다고 말한다. 무언가를 강렬하게 원할 때 운도 따르는 것이고, 기회를 잡기 위해서는 모든 가능성을 열어두어야 한다. 이 책에서는 고려인의 DNA를 '개방성과 포용성'이라 말하고 있는데, 내 안에도 그 유전자가 있다는 사실을 알게 되어 반갑고 뿌듯했다.

이 책에는 재외동포에 관한 이야기가 나온다. 첫째는 글로컬 상원제도인데 과연 현시점에서 가능한 일인지 반문해 보았다. 책에서 언급했듯이 단계적으로 접근하는 것이 맞을 것 같다. 글로벌 국가가 한국의 숙명이라면, 이런 국가비전이 필요하다고 생각한다. 인구문제가 한국사회의 중요한 문제이니만큼 7백만이 넘는 재외동포에 대한 인식을 달리하여 답을 찾고자 하는 제안은 의미가 있다고 본다. 저자는 한식 글로벌 방안으로 〈세계한식대회〉 개최를 제안한 적이 있다. 세계한식대회의 주 종목인 한국 음식대회는 전 세계를 대상으로 대륙별 예선전을 거쳐 전라북도 전주에서 본선을 치르자는 것이었다. 한국적인 것을 범세계적 프레임으로 만들자는 것으로 이 책에 언급하고 있는 '청년 교포 기업 인턴제도'도 같은 맥락이며, 나 역시 이런 프로그램이 있다면 즉시 참여하고 싶다. 둘째는 〈해외주둔군 사령부〉에 관한 것이다. 인종차별주의로 부당한 대우를 받거나 심지어 범죄행위 대상으로 생명을 잃었다는 소식을 접할 때마다 해외 생활에 회의를 많이 느끼게 된다. 특히 사법체계가 선진화되지 않은 국가일수록 정도가 심하므로 재외동포에 대한 사법적인 지원방안이 필요하다고 생각한다. 재외동포의 재산과 생명도 한국의 자산이다. 저자는 '이제 한국은 동맹의 파병 요청이 없어도 스스로 우리 국민의 생명과 우리 국민의 재산을 지키기 위해 파병을 해야 하는 국가가 되어야 한다'라고 말하고 있다. 나의 조국이 나의 재산과 생명을 지켜준다는 생각하니 또다시 가슴이 뭉클해진다. 셋째는 국립외국인묘지에 관한 내용이다. 사업상 서울에 자주 들리는 편이지만 마포에 외국인묘지가 있는지 몰랐다. 한국인보다 한국을 더 사랑했던 사람들에 대한 기념공간을 만들고, 국가가 관리하는 것이 지극히 당연한 일이다. 모국을 떠나 사는 사람으로서 현지인들이 외국인을 배려하거나 공로를 인정할 때 무한한 감동을 하게 된다. 그래서 거주하고 있는 국가에서 의미 있는 역할을 하기 위해 더욱 열심히 살게 된다. 국가 차원에서 한국을 위해 살다 가신 분들에 대한 예의를 갖추어야 한다는 제안에 적극적으로 동의한다.

우리는 고려의 후예이다. 세계지도 위에서는 작은 나라지만 대한민국은 지금 강대국 모드로 전환 중이다. 새로운 한국, 강대국 한국을 만들기 위해 고민하는 저자의 노력에 박수를 보내며, 이 책이 재외동포들에게도 전달되어 감동을 함께 누릴 수 있도록 애를 쓰겠다.

글로벌 포용국가로 가는 길

박한우

전 기아자동차 사장

해외에서 오랫동안 근무한 나로서는 한국이 강대국이라는 것을 피부로 실감하곤 한다. 해외 어디를 가더라도 한국의 제품이 있고, 한국인들을 만날 수 있다. 그러나 정작 우리의 사고는 스스로를 강대국이라고 여기지 않는다. 사실 우리의 제도는 글로벌스탠더드에 맞지 않아 중진국과 약소국의 폐습을 여전히 많이 지니고 있다. 노동시장만 하더라도 근속 연수나 나이가 늘어감에 따라 지위가 올라가는 연공서열식 성과제도가 지배적이어서 글로벌스탠더드인 노동시장의 유연성이 정착될 수 있도록 정비가 시급한 상황이다.

강대국이란 군대와 같은 무력의 힘이 아니라 글로벌을 관통하는 포용적 문화와 혁신적인 생각을 지닌 국가를 말한다. 지금 세계인들이 한국을 그렇게 보고 있다. 역사 변천 과정에서 보더라도 세계 강대국의 지위는 그 나라의 노동과 자본, 자원과 기술력보다는 오히려 국가의 문화와 지도자를 비롯한 국민의 혁신적인 사고에 의해서 달라졌음을 알 수 있다. 15세기경 유럽에서는 포르투갈과 스페인이 가장 먼저 항해모험을 통해서 강대국으로 탄생하였다. 네덜란드는 천연자원이 부족한 나라임에도 불구하고 이주민들을 포용하는 혁신적인 제도로 현대금융과 상업제도를 구축하여 17세기를 네덜란드의 세기로 만들었다. 영국은 산업혁명을 통해서, 미국은 세계의 이민자를 받아들이고 혁신적인 사고를 장려하여 오늘날 가장 강력한 강대국의 지위를 누리고 있다.

이제는 한국이 새로운 강대국의 대열에 진입하고 있다. 자동차, 반도체, IT 강국, 한류 붐이 이를 증명한다. 문제는 그 다음부터 무엇을 해야 할 것인가 하는 점이다. 지금까지는 추종자 위치였지만 이제는 선도자의 지위에서 제도를 바꾸어 나가고 생각을 달리해야 한다. 이런 점에서 저자인 황태규 교수가 쓴 『코리아, 강대국 모드로 전환하라』는 책은 매우 시의적절하고 이 시대에 요구되는 책이라고 생각한다. 저자는 한국이 새로운 강대국이 되기 위한 여러 가지 대안들을 소개하고 있다. 이를 한마디로 요약하면 개방성과 포용성, 융합성으로 표현하고 있다. 나아가 저자의 해박한 한국의 역사적 배경에서부터 강대국으로 떠오르고 있는 한국이 해야 할 과제와 전략들을 이해하기 쉽게 제시하고 있다. 특히 국가 산업문화유산제도의 제정과 세계 물류 허브를 위한 교통관광산업부 신설, 그리고 한국인보다 더 한국을 사랑한 국립외국인묘지 설치 등 혁신적인 아이디어가 돋보인다.

한국은 더 발전하고 도약해야 한다. 젊은 세대들이 꿈과 희망을 지닌 나라가 되어야 한다. 한국만의 장점인 빠른 기술개발과 근면성, 성실성에 속도감이 더해진다면 강대국 진입은 앞당길 수 있다. 오늘의 한국보다 내일의 한국이 더 궁금하다면, 강대국 한국을 바라는 독자들이라면 이 책의 일독을 권한다.

국격을 높이는 〈국립외국인묘지〉

김동진

헐버트박사기념사업회 회장

나는 1886년 23살의 나이에 조선을 만나 63년 동안 한국의 문명 진화
와 자주독립을 위해 헌신한 호머 헐버트(Homer B. Hulbert)를 연구하면
서 한민족에 대한 무한한 자긍심을 느끼고, 동시에 정의, 인간애, 애국심의
진정한 가치를 배웠다. 그리고 인류공영에 이바지하는 열린 세계인을 배
출하기 위한 교육을 목표로, 헐버트 박사의 숭고한 한국 사랑과 행동하는
양심에 대해 널리 알리는 일을 하고 있다. 헐버트 박사와 같이 조선이 서양
과는 등지고 지내던 시절에 서양 의술과 신교육 등 신문명을 이 땅에 전하
며 조선의 문명 진화를 위해 일생을 바친 사람들을 기억하고 추모하는 일
은 우리가 선진문화민족임을 세계에 알리는 것이며, 우리의 국격을 높이
는 일이라고 생각한다.

서울 마포구 양화진에는 한국인이라면 하루도 잊어서는 안 되는 사람들
이 잠들어 있다. 대한제국을 일본의 마수로부터 지키기 위해 애를 쓴 사람,
일제강점기에 빼앗긴 나라를 되찾기 위해 목숨을 아끼지 않고 독립운동을
벌인 사람들도 있다. 그들은 하나 같이 자신의 조국보다도 한국 땅에 묻히
고 싶어 한 사람들이다. 국적과 상관없이 우리 역사에 큰 획을 그은 사람들

이기에 그에 상응하는 관심과 연구가 있어야 한다고 생각한다. 한민족을 위한 희생을 잊지 말고 그들의 은혜에 감사할 줄 아는 민족이 되어야 한다.

이 책의 저자가 다행스럽게도 우리 민족을 그리도 사랑했던 외국인들을 위해 〈국립외국인묘지〉 설립을 주장하고 있다. 우리 민족이 겪은 역사의 고비마다 기억해야 할 사람들이 많은데 특히 서양 문명과 맞닥뜨렸던 개화기와 나라의 주권을 잃었던 일제강점기에는 더욱 많다. 그중에서도 이방인이면서 일제의 침략주의에 맞서 우리의 독립을 위해 헌신한 사람들, 한국전쟁 후 한국사회 곳곳에서 업적을 남긴 사람들을 국가적 차원에서 기념하는 일은 국격을 높이는 일임에 틀림없다. 글로벌 국가를 지향하는 한국이기에 참으로 절실한 국가적 과제라고 생각한다. 저자의 제안대로 국립외국인묘지가 설립되어 그들의 업적에 조금이라도 보답하는 계기가 되었으면 좋겠다. 그것은 위대한 일이 아니라 한국인으로서 최소한의 예의를 지키는 일이다.

농업혁신의 미래, 〈해외농업지원청〉

라승용

전 농촌진흥청장

나는 김제 출신으로 공무원 생활을 하면서 농촌진흥청장으로 퇴직을 했으나 농업이 천직인 사람이다. '안 될 일도 없고 못 할 일도 없다.'는 것을 좌우명으로 공직생활을 하는 내내 농업과 관련한 과학기술을 연구하고 개발하는 일에 참여했다. FTA 등 시장개방에 대응하여 우리 농업의 경쟁력을 강화하고 글로벌 기술협력을 확대하고, 국가균형발전을 위해 지역특화산업을 육성해야 한다는 생각은 여전하다. 특히 농촌의 미래인 농업인력 양성에 주력해야 한다는 점은 지금도 강조하고 있다.

『코리아, 강대국 모드로 전환하라』를 통해 오랜만에 한국의 빅피처를 보았다. 저자는 지금의 한국은 갈 길을 잃었다고 분석하고 있다. 그 원인으로 상당수의 기성세대가 청년기 사고에 멈춰 있다는 점을 꼬집었다. 새로운 세대인 청년이 중심이 되는 세상, 균형 잡힌 사고를 가진 새로운 세력이 사회를 만들어야 한다는 주장에 공감한다. 새로운 국가전략으로 3대 신문화자산, 5대 국가전략을 제시하고 있는데, 5대 국가과제 중에는 〈해외농업지원청〉이 포함되어 있다.

현대사회에서의 식량은 허기를 달래는 1차원적인 의미가 아니다. '식량안보'라는 말이 생길 정도로 '국가의 힘'을 의미하는 말로 확대되고 있다. 식량의 중요성과 힘을 먼저 인식한 선진국들은 이미 '총성 없는 전쟁'을 치르고 있다. 식량 수출국들은 곡물 수출 규제나 유통 제한 같은 방식으로 식량자원을 무기화하고 있다. 다국적 농식품기업은 생산·저장·유통·수송을 전방위로 담당하며 세계 곡물시장을 장악하고 있다.

우리는 어떤가? 코로나 19로 인한 공급망 교란, 각국의 수출제한과 기후변화 등으로 식량가격이 출렁이고 있고, 곡물가격이 급등했다. 한국도 예외 없이 식량안보가 흔들릴 수 있다. 기후변화 등 자연재해에 따른 식량 생산량 감소도 여전하고, 자급률을 높여야 한다는 목소리가 나오고 있다. 농업기술 분야 투자금을 높이고, 농업혁신을 가속화 해야 한다. 그런 의미에서 〈해외농업지원청〉 설립은 대한민국의 식량안보는 물론 세계식품시장을 선도하기 위해서 반드시 추진해야 하는 과제로 보인다. 농업농촌이 청년들에게 새로운 희망이 되고, 〈해외농업지원청〉이 정책개발의 좌표가 되길 바란다.

글로벌산업의 허브, 코리아

박광기

전 삼성전자 부사장

어떤 사람들은 나를 글로벌 경영자라고 한다. 아프리카와 아시아 총괄 본부장을 맡아 세계 300여 개의 도시에서 30년간 일했기 때문이다. 바깥에서 바라봐야 안을 다 들여다볼 수 있듯이 소위 해외 장사를 하며 외국에 나가서 보니 한국이 가야 할 길이 보였다. 한국경제의 위기는 기업의 경쟁력 상실에서 비롯되었고, 글로벌시장에서 우리 기업의 역할이 약화했기 때문이라는 걸 알았다.

이 책은 글로벌기업 임원으로 국가마케팅의 최전선에서 활동한 내가 공감할 수 있는 부분이 꽤 많았다. 역할과 책임. 역할은 존재감에서 나온다. 사업가나 정치가는 역할이다. 역할을 제대로 하지 못하면 축소되거나 비난을 받는다. 책임이란 맡아서 해야 할 임무나 의무이다. 책임을 지지 못할 거라면 역할을 그만두어야 한다. 아시아 문명사에서 한반도가 짊어진 '국가의 역할과 책임'에 대한 부분은 새로운 해석이다. 기업에 알맞은 역할과 마땅한 책임이 있듯이 국가도 세계사적으로 역할과 책임이 있어야 한다는 주장이 흥미로웠다.

저자의 말대로 한국은 지킬 것이 많은 나라가 되었다. 반면에 궤도를 바꿔야 하는 문제도 생겼다. 저자는 다른 말로 '익숙한 것들과의 결별'이라고 했다. 선진국이 되려면 고유의 기술, 과학, 문화 등 다른 나라들과 차별화가 있어야 하지만 습관, 고집, 상식에서 탈피하는 뉴패러다임이 필요하다. 한국은 지구촌을 상대로 더 넓은 시장을 확보해야 한다. 문화한류처럼 산업한류를 확산해야 한다고 생각한다. 예를 들어 자동차만 팔면 을(乙)이 되고 결국 보호무역 때문에 발목이 잡히지만, 그 나라에 자동차산업을 육성해주면 우리가 갑(甲)이 되는 것이다. 나는 청년들에게 비즈니스는 지구촌의 무비자이며, 우리의 경쟁 상대는 기업이 아니라 소비자의 선택이라고 말한다. 청년세대에게 '성장시켜 주는 것이 아니라 성장할 기회를 제공하는 것'이 필요하다는 저자의 말처럼 해법 또한 이미 존재하는 것이 아니라 만드는 것이다.

저자가 한국의 글로벌 교통허브에 대한 생각을 피력했듯이 나는 글로벌 산업허브로서, 산업선진국으로 도약하는 방안을 고민했다. 우리나라 지방 도시가 글로벌 산업수도로서 세계경영의 중심이 될 수 있다고 생각한다. 상품을 해외에 팔던 역할에서 벗어나 신흥국의 경제개발을 지원하고, 국제적인 균형발전과 양극화 해소에 앞장설 때 비로소 글로벌한 국가가 되는 것이다. 이 책에서 제시한 각각의 정책은 전문기관에서 체계적으로 연구하면 일부는 빠른 기간 내에 실현 가능하다고 본다. 압축성장의 경험을 바탕으로 세계 어디에도 없는 새로운 모델을 만드는 일은 그만큼 신나는 일이 될 것이다.

I

신(新) 강대국의 등장

1. 아시아 문명발전의 순환축, 코리아

한반도 국가의 정체성은?

역사적으로 한국은 아시아에서 어떤 역할을 하는 국가였을까? 한민족의 책임과 역할을 묻는 것이 다소 낯설게 느껴질지도 모르겠다. 1천 번에 가까운 외침을 받으면서도 중국과 일본이라는 강대국 사이에서 용케 살아남았다고 위로하거나 지정학적 위치를 핑계 삼아 어쩔 수 없는 운명이었다고 받아들이는 담론들이 대부분이기 때문이다. '국가의 위치가 국가의 운명을 결정한다'라는 말처럼 우리는 자연스럽게 외침을 '반도의 숙명'으로 받아들였고 어쩔 수 없는 피해자였다고 서술한다. 불리한 지정학적 조건 속에서 악전고투하며 버텨냈고, 어렵게 생존하고 있다는 말은 맞다. 하

┃ 한반도 국가의 정체성

지만 그것은 타인의 시각이지 우리 스스로 생존 자체가 기적인 것처럼 말하는 것은 옳지 않다.

현재 생태계에 존재하는 생물들이 지금까지 살아남아 있는 것은 다 이유가 있다. 인간이 먹을 수 없는 독버섯이라고 할지라도 생태계의 분해자로서 제 나름의 역할을 하고 있듯이 그 생물만이 가지고 있는 확실한 역할이 있다. 한국이 중국이라는 거대한 국가체계에 편입되지 않고 고유의 문화와 정체성을 유지할 수 있었던 이유는 무엇이었을까? 생태계의 원리에서 살펴보면 아시아에서 중요한 역할을 했기 때문일 것이다. 과연 그 역할은 무엇이었을까? 우리나라는 지정학적으로 반도국가여서 삼면이 바다이고 한 면이 대륙과 연결되어 있어 대륙과 해양으로부터의 잦은 침략을 피할 수 없었다. 생존하기 위해 스스로 강해져야만 했고 다른 반도국가들처럼 독특한 정체성을 지니게 되었다. 그런 면에서 볼 때, 양 세력의 각축장에 늘 불행한 일만 있었다고 볼 수 없다. 해양문화와 대륙문화가 만나는 곳에서는 문화의 개방과 융합이 상시적으로 일어난다. 지중해 이탈리아반도의 고대국가인 로마가 대표적인 예다. 로마인들은 지중해 연안국가와 유럽 대륙 국가의 문화 융·복합 체제를 구축하여 강대국이 되기 위한 원동력으로 삼았다. 위치상으로는 한국도 비슷하다. 대한민국은 아시아 대륙과 일본 열도 사이에 있어 예로부터 넓은 대륙으로부터 각종 문물을 받아들이면서 이를 바탕으로 독특한 고유의 문화를 독자적으로 키우고, 일본에 대륙의 문물을 전수하면서 동아시아 문화권의 일익을 담당하였다(국토지리정보원의 한국 지리지 총론 편). 양대 문화를 포용하고 융·복합화하여 새로운 문화를 만들었으며, 한편으로는 유라시아 대륙과 태평양을 잇는 가교역할을 한 것이다. 이것이 바로 한반도의 역할이었다. 따라서 문화적 측면에서는 강대국의 변방이 아니라 중심이었다고 볼 수 있다. 그에 관한 몇 가지 사례를 찾아보자.

한국의 대표 음식으로 손꼽히는 김치는 음식문화 융·복합화 사례다. 우리는 김치를 '최고의 발효식품'이라 강조하며 세계에 김치를 알리는 일에 집중한 적이 있다. 영양학적으로나 과학적으로 그 가치를 입증하기 위해 노력했으며, 세계식품시장을 겨냥해 전략적인 마케팅 행사도 펼쳤다. 그 결과 김치 수출시장이 열리면서 본격적인 김치 세계화에 들어섰다. 이후 일본의 '기무치'와 중국의 '파오차이'가 김치 종주국에 대한 논란을 일으키는 가운데 김치 정체성을 바로 알자는 논의가 펼쳐졌고, 김치는 기무치와 파오차이처럼 단순한 절임 채소가 아니라는 점을 밝히고 있다. 첫 번째는 젓갈 사용이고, 두 번째는 고춧가루 사용이다. 그렇다면 현재 우리가 먹고 있는 김치의 정체성을 어떻게 증명할 것인가? 소금이나 식초를 이용한 채소 절임은 저장을 위한 것으로 여러 나라에 존재한다. 하지만 젓갈을 채소의 발효에 이용한 것은 우리의 김치다. 젓갈은 우리나라를 비롯하여 중국, 일본, 동남아 등지에서 식재료로 사용하는 것으로, 메콩강 주변의 더운 나라에서 유래한 것으로 알려져 있다. 고추는 임진왜란 이후에 유입되어 18세기 무렵부터 김치에 사용되었다고 한다. 한국의 전통 배추는 잎끝이 벌어져 있는 반(半) 결구종이고, 현재의 결구종 배추는 임오군란 당시 중국인에 의해 한국에 전해졌고, 다시 일본으로 건너갔다. 이렇게 김치의 주재료는 3국을 통해 유입되었으나 이를 결합하여 새로운 음식문화를 만든 것이 바로 한국 김치. 반도국가의 강점은 바로 문화의 융·복합을 통해 창의적인 문화를 만들어 이웃 나라에 영향을 준다는 것이니, 어찌 보면 김치는 탄생부터가 글로벌 음식인 셈이다. 김치 종주국 논란에 대응하는 방법은 김치의 독자성을 찾는 것이다. 재료와 조리법의 문제가 아니라 어떻게 응용하여 새로운 음식으로 탄생시켰는가에 대한 논리가 분명하면 우리 김치의 위상이 흔들리지 않을 것이다.

　고려청자 역시 한반도 기술문화 글로벌화의 좋은 사례다. 나말여초 시기에는 당과의 해상교통이 원활하게 되어 중국의 문화와 경제의 영향을 크게 받았다. 특히 장보고의 해상세력 확장으로 활발한 문물교류가 이뤄졌는데 중국 송나라의 도자기 제작기술과 함께 중국 귀족들이 사용하던 청자 제작법이 유입되었다고 한다. 하지만 고려는 중국의 제작기술과 형태, 운영방식 등을 그대로 모방하지 않았다. 유약을 바르기 전에 문양을 파서 홈을 내고 그 홈에 백토를 넣어서 무늬를 표현하는 '상감법'이라는 독창적인 기술과 장식으로 상감청자를 만들었다. 고려는 상감기술로 한층 진화한 고려청자를 청자 종주국인 중국으로 역수출하였다. 가치와 예술성을 인정받은 고려청자는 국제시장에서 고가에 팔렸다고 한다. 이렇듯 고려는 조형과 아이디어를 북방문화에서 전해 받아 그 바탕 위에 독창적인 무늬와 색을 표현하는 기술을 얹어 원래의 가치를 넘어선 제품을 만들었고, 기술을 다시 일본에 전하면서 동양 3국의 가교역할을 한 것이다.

고려시대 최무선의 화약개발은 선조들의 국방기술 노하우를 들여다볼 수 있는 좋은 사례다. 당시 한반도에서 기승을 부리던 왜구토벌을 위해 화약이 절실했던 최무선은 중국인의 도움을 받아 화약 원료 추출법을 터득했다. 이후 조정에 건의하여 '화통도감(火熥都監)'을 설치하여 화약 제조와 화기 제작에 성공했다. 당시 외침 세력인 왜구가 상륙하기 전에 바다 위에 있는 왜선 섬멸작전에 필요한 화포도 제작했다. 선박용 화포로는 세계 최초다. 중국을 통해 화약 제조기술을 취득했지만, 함선용 화포는 고려가 먼저였다. 화포를 발사할 때 충격에도 견딜 수 있는 견고한 전함도 만들었는데, 이는 유럽보다 2백 년이나 앞선 것이라고 한다. 중국은 화약을 활용해 세계 최초의 해전을 치렀다는 기록을 가지고 있다. 그러나 함포를 이용해 왜선 3백 척을 물리친 것은 '진포대첩'이다. 고려와 왜구 사이에 수많은 전투 중 진포대첩이 큰 의미를 지닌 이유는 해전에서 최초로 화포를 사용했기 때문이다. 위기로부터 나라를 구해야 한다는 절실함이 만든 위대한 발명이다.

다음은 금속활자를 통해 바라본 고려의 인쇄술이다. 활자는 글을 인쇄하기 위해 만든 글자틀로 문서를 대량 복제하기 위한 수단으로 개발되었다. 목판 인쇄술과 활자 인쇄술로 나뉜다. 목판 인쇄는 나무판에 인쇄할 내용을 모두 담아 파서 만드는 것(판형)이고, 활판 인쇄는 낱글자를 만들어

아시아 문명의 순환축

조합해서 사용하는 것(분리형)이다. 활판 인쇄는 흙활자에서 금속활자로 발전했다. 중국이 여러 방면에서 앞선 기술을 보유했듯이 인쇄술도 중국에서 시작되었다. 송나라는 세계 최초의 지폐인 교자(交子)와 최초의 활자인 교니 활자를 만들었다. 거란은 우리보다 먼저 대장경을 만들었고, 선진화된 공예기술을 가지고 있었다. 그러나 고려는 중국의 선진기술을 결합하여 금속활자를 발명함으로써 한반도를 금속활자 종주국으로 만들었다. 기술의 발달은 시장의 수요가 가장 큰 원인이다. 불교국가인 고려에는 불경의 수요가 많았고, 무역이 활발하여 타국의 수요까지 겹쳐서 목판 인쇄로는 감당하기 어려웠을 것이다. 목판 인쇄는 나무 특성상 금방 물러지거나 갈라져서 연속 작업이 불가능하고, 다른 책을 만들려면 판을 다시 만들어야 해서 많은 시간과 경제적인 부담이 따르게 된다. 이런 목판 인쇄의 단점을 보완하고, 시간과 비용을 절감하기 위해 금속활자 인쇄술을 발명하게 된 것이다.

고려가 만든 몇 가지의 세계적인 기술과 문화에 대해서 살펴보았다. 우리는 반도국가라는 숙명 아래 길고 긴 고난의 시대를 지나면서도 끊임없이 새로운 문화를 만들어왔다. 기술과 문화의 개방과 융합은 필연이었다. 대륙으로부터 원천적인 기술과 문화를 받아들여 창의적으로 조합하여 기존에 없던 새로운 것을 만들고 이를 이웃 나라에 전파하면서 아시아는 물론 세계의 문명발전에 공헌했다. '아시아 문명발전의 순환축'이었다고 볼 수 있다. 고려의 개방성, 포용성, 창의성이 이런 역할을 가능하게 한 것이다.

개방성과 포용성을 잃어버린 대가

'조선'이라는 국호는 명나라에서 받아왔다. 조선은 명나라에 이성계의 고향인 '화령'과 고대국가의 이름이었던 '조선' 중에서 하나를 국호로 낙점해달라고 부탁했고, 명은 '조선'을 낙점했다. 이 일을 놓고 당시 최강대국이었던 명나라에 대한 의례로 보거나 혹은 조선이 선택할 수 있는 최선의 외교정책으로 보는 해석들이 있다. 그러나 국명을 중국 황제에게 요청한 경우는 우리 역대 왕조에서는 단 한 번도 없었던 일이다. 자주적으로 해야 마땅한 것을 명나라의 뜻에 따른 것이니 민족의 자주성과 주체성에 흠집을 냈다고 볼 수 있다. 이후 명나라에 대한 사대는 명나라가 망한 후에도 계속 이어졌고, 조선왕조 5백 년 내내 사대주의에 젖어 독립국의 지위가 위협을 받았다. 조선시대 유학자들은 민족적 주체성이 부족했으며, 스스로 중국문화에 종속됨으로써 아시아에서 한반도가 담당해야 할 역할을 외

개방성과 포용성을 잃어버린 대가

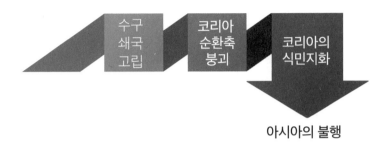

아시아의 불행

면하였다. 한 국가가 존재감을 드러내기 위해서는 그에 걸맞은 역할이 있어야 한다. 당시 조선이 해결해야 할 역사적 과제는 외국의 선진 과학기술을 받아들여 나라를 부강하게 만들고 침략을 막는 것이었다. 그러나 조선은 쇄국정책을 고집했다. 산업화 측면에서 볼 때 조선의 시간은 멈춘 것이 아니라 오히려 퇴보한 시간이었다.

반도국가는 대륙과 해양의 기술과 문화를 융합하고 재조정하는 과정에서 새로운 문명을 탄생시키는 역할을 한다. 한반도가 역할을 제대로 하지 못했던 시기에는 중국을 비롯한 아시아 국가들도 불행했다. 고려처럼 한반도가 독립된 공간, 개방의 공간, 포용의 공간으로 활용될 때 주변국들이 더 융성했다. 만약 조선이 중화사상과 쇄국주의에 빠지지 않았다면, 고려처럼 강한 군대와 독립적인 문화와 개방정책을 펼쳤다면, 결코 아시아가 유럽의 군대에 의해 그토록 쉽게 짓밟히지는 않았을 것이다.

여러 학자는 산업혁명 이후 서구 문명이 누려온 번영의 시대가 저물고 있으며, 문명의 축이 서쪽에서 동쪽으로 급격하게 이동 중이라고 말한다. '긍정경제(positive economy)'라는 개념을 주창한 프랑스 경제학자이자이며 미래학자인 자크 아탈리(Jacques Attali)는 '아시아 지역에 통합된 국가가 생겨난다면, 그때의 수도는 베이징도 아니고 도쿄도 아닌 서울이 될 것'이라고 예견했다. 한반도를 중심축으로 아시아 문명이 순환한다는 뜻이다. 전 세계에 바람을 일으키고 있는 한류열풍이 바로 그 순환축이 아닐까 생각한다.

한민족의 책임

우리가 반도국가로서의 지리적 정체성을 잃고 '개방과 포용'에 소홀했던 사이에 그 역할을 대신한 것은 중세와 근대의 일본이다. 조선이 쇄국의 시간을 보내고 있을 때 중국은 마카오를 통해 서양과 교역했고, 일본은 오랫동안 네덜란드와 거래를 했다. 우리가 문을 꽁꽁 닫고 있는 동안 일본은 서구 해양세력의 문명을 유입하면서 동아시아의 창구가 된 것이다. 일본의 힘은 이때부터 길러졌다고 볼 수 있다. 개항 후 일본에는 서구 세력들이 벌떼처럼 달려들어 큰 시장이 형성되었다. 상업이 발달하면서 자연스럽게 서구문물을 받아들였는데 접촉 과정과 흡수 과정이 놀랍도록 빨랐다고 한다. 덕분에 일본은 막대한 부를 축적하게 되었다.

16세기 이후의 일본은 더 강력한 힘을 얻게 되어 사실상 동아시아의 핵심국가로 부상했다. 하늘을 나는 새도 떨어뜨린다는 조총(철포) 복제에 성공한 일본은 대외무역보다 더 큰 욕망을 품게 되었다. 무법자가 되어 조선과 중국의 동남 연해에서 침탈을 시작했다. 명나라에 대한 정복야욕을 품고 약 7년간 조선과 명나라를 상대로 임진왜란을 일으켰다. 임진왜란은 한·중·일이 참전한 전쟁으로 조선이 전쟁의 주무대가 되었다. 이 전쟁으로 일본은 본래의 목적은 달성하지 못했으나 조선으로부터 각종 인적·물적 자원을 약탈해 갔다. 대표적인 것이 도자기 제조기술이다. 일본은 전쟁을 통해 얻어낸 조선 도공의 기술을 활용하여 고급 도자기를 만들어 유럽시장에 수출했다. 은과 같은 원료를 공급하던 처지에서 도자기 완제품을 수출하게 되면서 명성을 얻게 되었다. 따지고 보면 임진왜란이 일본의 군비확장과 기술강국의 기반을 만들어 준 계기가 된 셈이다.

만약 조선이 고려처럼 글로벌 국가의 틀을 유지했다면 아시아 역사는 어떻게 변했을까? 한반도가 개방과 융합 그리고 포용이라는 핵심가치를 잃어버릴 때, 아시아 문명발전 순환축이라는 역할을 포기할 때, 한 국가는 물론 아시아 전체가 불행해질 수 있다는 것을 알아야 한다. 공백기에는 누군가가 역할을 대신하게 되는데, 근대에는 바로 일본이었다. 문명을 순환시켜본 경험이 없는 일본은 힘을 얻게 되자 아시아를 적으로 삼아 주변국가를 불행하게 만들었다. 다시는 이런 피해로 아시아를 얼룩지게 만들면 안 된다. 최근에 세계경제 중심축이 20년 이내에 아시아로 이동할 것이라는 예측이 나오고 있다. 따라서 우리가 어떤 역할을 해야 하는지 역사를 되짚어가며 고민할 때라고 생각한다.

2. 고려에서 탄생한 국가 브랜드

실리적인 외교술을 펼쳤던 고려

다시 고려로 돌아가 보자. 고려는 거란, 금, 송, 몽고라는 4대 강국으로부터 끊임없이 침략을 받았다. 진 싸움도 있고 이긴 싸움도 있다. 그러나 승부의 역사보다 더 중요한 것이 있다. 여러 차례의 전쟁 과정에서 정확하게 현실을 인식하고 대처했다는 점이다. 실례로 거란과의 전쟁을 살펴보자. 거란과의 마지막 전쟁에서는 방어에 성공했음에도 불구하고 고려는 예전의 관계를 유지했다. 전쟁에서 이기고도 사대관계를 유지했다는 사실을 어떻게 이해해야 할까? 고려는 침략군대와의 전투에서 승리했을 뿐 국가 대 국가의 사활을 건 전쟁이 아니라는 점을 인식하고, 전쟁 후에도 화합

▎고려에서 탄생한 국가 브랜드

실리적 외교 국가
(강한 고려)

고려

포용문화
국가

글로벌
시장 국가

하고 교류할 수 있도록 실용적이고 평화적인 외교관계를 택한 것이다. 대거란 전쟁에서 승리한 이후 고려에 대한 주변 국가들의 태도가 달라졌고 아시아의 질서가 재편되었다. 고려는 필요에 따라 교류하면서 경제적 실리를 취했고, 독자적인 세력을 갖추었다. 수없이 많은 사신이 오고 갔으며, 예물(禮物)이란 형태로 각국의 특산물을 주고받았다. 상인단에 의한 교역도 물품 상호교환 형식으로 이루어졌다. 주변국들은 고려의 성장을 보며 상당한 군사력을 보유하고 있는 맹주로 인식했다. 누군가가 고려와 연합할 경우의 위협을 대비해 고려를 강대국으로 대접한 것이다.

한국사의 권위자인 미국 하버드대 제임스 팔레(James B. Palais) 교수는 "중국의 세력들이 충분한 여력이 있음에도 불구하고 고려를 무너뜨리지 않은 것은 이상한 일이다."라고 의구심을 표현한 적이 있다. 그리고 "고려 왕조가 중국 대륙의 세력변동에 유연하게 대처하는 실용적인 외교(prag-matic diplomacy)를 통해 스스로를 보존할 수 있었다."라고 답했다. '실용적 외교'의 가장 유명한 사례는 '서희의 담판'이다. 서희의 가장 큰 외교적 활약은 대군을 이끌고 온 거란의 1차 침략 때 장수 소손녕(蕭遜寧)과의 담판에서 이를 물리친 일이다. 소손녕은 "너희는 신라 땅에서 일어났고, 고구려 땅은 우리의 소유인데 너희들이 강점했다. 또 국경을 마주한 우리 대신 바다를 건너 송을 섬기니 이것은 군사를 일으킨 것이다. 그러니 땅을 떼어 바치고 국교를 회복하면 무사할 것이다."라며 협박했고, 서희는 "우리야말로 고구려의 후예다. 고구려의 뒤를 잇는다는 뜻으로 국호를 고려라 하였고, 오히려 거란이 차지한 만주 역시 우리 땅인데 너희가 함부로 점령한 것이다."라며 거란의 주장을 일축했다. 외교정책은 나라의 흥망성쇠를 결정할 수도 있는 아주 중요한 부분이다. 고려는 거란과 송이라는 강대국 사이에서 자주와 실리에 근거한 외교노선을 취해 나라의 안전을 지켰다. 서희가 말 몇 마디로 나라를 구한 것이 아니다. 서희의 역제안이 통할 수 있었던 배경이 있었기 때문이다. 그것은 바로 외교노선, 정치 환경, 군사력이다. 고려는 승산 없는 전쟁을 피하고 자주와 실리를 동반한 외교정책을 펼치면서 동아시아 세력균형을 이루는 국가였다. 고려의 위대함은 국가체제를 유지하기 위한 생존 외교에 머문 것이 아니라, 뛰어난 외교술로 동북아의 균형자 역할을 했다는 점이다.

포용적인 문화국가, 고려

고려 시대 사람들의 생활상에 대한 기록은 많지 않다. 남녀 간 성차별이 적었고, 아들, 딸 구분 없이 상속했으며, 여성이 호주가 될 수도 있었다. 이혼과 재혼이 자유로울 만큼 개방적인 혼인 제도도 있었다. 송나라 사신이 고려를 방문하여 보고 들은 것을 기록한 '고려도경'에는 고려 사람들이 밤새도록 술 마시기를 좋아했고, 하루에도 몇 번씩 목욕하는데 남녀구분이 없었다는 내용이 나온다. 이 같은 개방적이고 자유스러운 고려사회 분위기가 타국인의 눈에는 새롭고 멋지게 보였을 것이다. 실제로 원나라에 이어 명나라 시대에도 고려의 옷과 음식 등의 풍습을 통칭하는 고려 스타일인 '고려양(高麗樣)'이 유행했다. 중국 기록에는 '궁중에서 새롭게 유행하는 것은 고려양이라네. 방령에 짧은 허리, 반소매. 궁중 여인들이 밤까지 이어져 구경하려 하네. 이는 고려 여인이 황제 앞에 이 옷을 입고 왔기 때문이라네.'라는 내용이 있다고 한다. 공녀들과 환관들을 통해 자연스럽게 고려풍습이 중국에 전해진 것이다. 원나라와의 교류가 활발할 때 몽고의 여러 풍습도 고려에 들어와 유행했는데 이를 '몽고풍'이라고 했다고 하니, 이 멋스러움 또한 온전히 우리의 것만은 아닐 것이다. 결국 주변 국가들의 의류기술과 디자인이 결집하여 '고려양'이라는 독특한 문화를 형성하게 되었다고 볼 수 있다.

고려의 문화적 개방성은 귀화인 정책에서도 나타난다. 고려는 많은 귀화인을 받아들였다. 고려 초기 약 100년 동안은 출세를 위해 찾아온 중국인들과 유민, 포로 신분으로 온 발해인과 여진인, 거란인을 포함해 약 17만 명에 달했다고 한다. 귀화정책의 궁극적 목적은 인력 확보였으며, 귀화인들은 외국 사정에 밝아서 외교사절에 기용되는 경우가 많았다고 한다. 오는 사람은 거절하지 않는다는 원칙을 두고, 투화전(投化田)이라는 별도의 토지제도까지 운영하며 귀화인들을 안착시키기 위한 사회적 시책을 펼치는 등 이방인들의 정착에 노력하며 포용사회를 구현했다.

벽란도는 외국의 사신과 상인들이 빈번하게 왕래하던 나루(渡)였다. 고려시대의 국제무역항으로 동북아의 대표적인 '무역허브'라 할 수 있다. 벽란도에 자주 드나든 송나라 상인들은 가장 많은 물량을 출입했고, 아라비아 상인들은 이국적인 물품을 들여왔다. 무역허브는 단순한 무역정책만으로 만들어지지 않는데 벽란도에서 이렇게 무역이 활발하게 이뤄질 수 있었던 이유는 무엇일까? 첫째는 고려가 상업을 배척하지 않고 유연한 외교정책을 펼치며 무역의 기반을 닦았기 때문이다. 둘째는 산이 많아 육로통행이 어렵다는 점을 인식하고 삼면이 바다인 점을 활용하여 물자 운송 경로를 육로가 아닌 수로를 통한 방법으로 전환했기 때문이다. 그 결과 벽란도는 해상무역의 거점이 되었고, 고려시대의 대외적인 교류와 개방성을 나타내는 키워드가 될 수 있었다.

고려의 여러 업적 가운데 실용외교와 국부 극대화는 손으로 꼽을 만큼 중요하다. 고려는 대외 문물교류를 통해 국부를 키우고자 했고, 타국의 기술과 문화를 포용적으로 받아들였다. 상업을 국가경제를 구성하는 중요한 영역으로 인식하고, 상업이 부진한 경우에는 국가 차원에서 보호하고 장려했다. 또 주변 강대국들로부터 다양한 문화를 받아들여 문화국가와 문명국가의 모형을 만들었다. 그 결과 '3T 산업체계'를 완성했다(3T :금속활자 IT, 인삼 BT, 상감청자 CT). 고려는 아시아 4대 강국의 문명이 흘러드는 저수지이자 4대 강국이 만든 기술을 융·복합한 중추 기지였다. 고려와 조선은 통일왕조로서 500년 정도의 비슷한 시간을 유지한 국가였다는 공통점이 있음에도 불구하고 극명하게 대비되는 점이 있다. 그것은 고려가 유연함과 포용적 태도를 가졌으며, 그 결과 강한 이미지를 형성했다는 점이다.

글로벌 시장 국가 고려

고려는 역동적인 역사의 무대였다. 여러 차례 치열한 싸움을 치러야 했고, 세계화의 물결을 경험하면서 500여 년 동안 집권했다. 무엇보다 중요한 것은 당대 최고의 강대국 사이에서 각각의 문명을 흡수하여 집적했고, 지혜를 발휘하여 새로운 문화를 만들어 인류에 공헌했다는 사실이다. 뿐만이 아니라 사상과 종교로부터 자유로운 국가였으며, 이를 바탕으로 출판문화를 꽃피웠다.

고려는 세계 최초의 지폐인 송나라의 교자(交子), 최초의 활자인 교니 활자 그리고 거란의 대장경과 공예기술을 결합하여 출판대국(Information Technology, IT)을 만들었다. 또 송나라의 청자 제작법을 극대화한 상감기술 개발로 고려청자(Culture Technology, CT))라는 브랜드를 만들었다. 뿐만이 아니다. 국가 이름을 달고 있는 유일한 약용식품으로 고려인삼(Bio Technology, BT)이 있다. 이런 상품들은 글로벌 시장이 있어야 존재할 수 있다. 왜냐면 인쇄 서적이나 상감청자, 고려인삼은 당대 최고의 부유한 집단에서만 살 수 있는 고가의 물건이었기 때문이다. 내수시장에서 해결할 수 없는 한계를 뛰어넘기 위해 시장을 개방하고 관리했다. 조선시대의 아픈 역사를 곱씹고 싶지 않지만 고려시대를 이야기하자니 종종 비교 대상으로 조선을 등장시키게 된다. 조선은 고려가 구축해 놓은 세계시장을 쇄국정책으로 파괴했고, 그로 인해 고려의 획기적인 기술이 가치를 잃어버렸을 뿐만 아니라, 그 기술마저 해외로 유출하는데 직간접으로 방조

▎글로벌 시장과 고려 3T

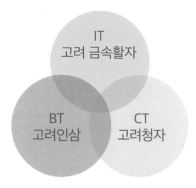

했다. 그 대표적인 예로 도자기 제조기술을 들 수 있다.

조선이 빗장을 걸어 잠그고 있을 때, 세계는 이른바 '도자기 전쟁'을 치르고 있었다. 청화백자는 명·청의 황실뿐 아니라 유럽의 왕실까지 뒤흔들 정도로 인기가 높았다. 당시 유럽은 백자를 만드는 기술이 없어 중국 백자를 수입했는데, 중국은 도자기 하나로 유럽의 은화를 싹쓸이할 정도였다고 한다. 유럽의 왕실은 앞을 다투어 청화백자를 보유하면서 왕실의 힘을 자랑하기도 했다. 중국 도자기가 향신료 이상으로 이득을 남길 수 있는 무역의 중요 아이템으로 자리 잡을 때, 안타깝게도 해외시장을 폐쇄한 조선에서는 단지 국부가 새어나간다는 이유로 도자기 생산을 규제하는 우를 범하고 만 것이다.

중국의 도자기 독점무역은 중국 내부의 정세변화로 막을 내리게 되었다. 명나라를 무너뜨린 청나라가 쇄국정책으로 문을 걸어 잠그자, 고수익을 안겨주는 시장을 포기할 수 없었던 네덜란드는 청화백자의 대체재(代替材)로 일본 자기에 주목했다. 이때부터 규슈(九州) 아리타(有田) 도자기가 세계 도자기 시장에서 선두주자로 급부상하면서 도자기 시장은 격변의 시기를 맞게 된다. 일본의 아리타 도자기가 수출 주력상품이 될 수 있었던 것은 일본에 끌려간 조선 도공들이 있었기 때문이다. 일본에서는 임진왜란 이전부터 조선의 영향을 받아 도자기를 굽기 시작했으나 조선만큼 질 좋은 도자기를 만들지 못했다. 임란 당시 끌려간 도공들은 10년 동안 일본 각지를 돌며 도자기를 만들 수 있는 흙을 찾았고, 이즈미야마(泉山)에서 백토가 매장된 광산을 발견하면서 일본 도자의 눈부신 역사가 시작되었다. 조선 도공들은 일본 국부의 핵심기술을 가진 그룹으로 분류되었고, 사무라이에 버금가는 대우를 받았다. 조선이 청화백자를 사치품으로 간주하여 관련 기술을 규제했던 반면에 일본은 세계 최고의 기술을 확보하기 위해 조선 도공들을 우대한 것이다. 조선은 기술을 가지고 있으면서도 국제적인 시장가치를 전혀 인식하지 못했다. 그 결과 일본은 수준 높은 도공을 얻었고, 조선은 귀한 도공들을 잃었다. 조선 후기에는 일본 도자기를 왕실에서 수입해서 썼을 정도니, 결과적으로 보면 이것이야말로 명백한 국부유출을 나라가 방조한 꼴이 아닌가? 조선은 기술인재를 잘못 관리한 우를 범했을 뿐 아니라, 대륙의 선진기술자를 데려다 새로운 상품을 만들어냈던 고려의 산업전통마저 깨뜨렸다.

한반도가 자국의 정체성을 잃어버린 바로 그 시기에 일본은 문화개방과 기술융합을 중심으로 그동안 한반도가 해왔던 역할을 대신하면서 막강한 힘을 길렀다. 공존 · 자율 · 통합이라는 원칙을 가지고 개방성, 역동성, 통일성을 지향했던 고려가 그립다. 우리가 잃어버린 글로벌 시장에 대한 아쉬움이 크기 때문이다.

3. 새로운 강국, 코리아의 등장

글로벌은 한반도의 숙명

해방 이후 한국이 취한 국가생존 정책은 수출지향 공업화, 바로 글로벌 정책이다. 침체한 민간산업 부문을 일깨우고, 고도성장의 길로 접어들기 위해서는 '자원의 한계'라는 약점을 극복해야만 했다. 돌파구는 반도라는 지리적 장점을 살리는 수출전략이었다. 수출을 통해 규모가 작은 국내시장의 한계를 극복하는 동시에 세계시장의 중요한 공급처로서 발돋움했다. 10대 수출상품 시장변화 추이를 보면 철광석(1961년)→의류(1980년)→반도체(2005년)→반도체(2015년)로 전개된다.

광물 수출국에서 반도체 왕국으로 변천하는 과정을 살펴보자. 60년대에는 섬유, 합판, 가발 등 노동집약적인 가공제품이 수출 주요품목이었다. 소득과 임금이 크게 상승한 선진국이 노동집약적 경공업을 유지할 수 없게 되자 양질의 노동력을 가진 한국이 경공업을 유치해 공산품을 수출할 수 있게 되었다. 독일로 광부와 간호사를 보낸 것도 1960년대 초였다.

70년대에는 섬유, 전자, 철강, 선박 등 중화학공업 제품이 주요 수출품이었다. 정부의 중화학 공업화 정책이 펼쳐지면서 철강산업을 시작으로 중공업 중심의 산업체계에 들어섰다. 철강산업의 경우, 세계은행 지도자가 자제 요청을 할 정도로 당시에는 무모한 도전이었다고 한다. 이후 자동차산업, 석유화학으로 차차 시장을 넓혀 나갔고, 유가가 급등하는 산업위기를 경험하게 되지만 이 부분도 슬기롭게 극복했다. 한편 건설업이 중동에 진출하면서 막대한 외화를 벌어들였다. 그들은 모래바람과 싸우며 사막에 캠프를 치고 독거미와 전갈에 물려가면서 일했다. 당시 중동 건설 수주액은 전체 수출액의 절반 가까이나 되었다고 한다.

80년대에는 해외개발에 적극적으로 나섰다. 1980년대 후반에 있었던 '유가하락, 환율하락, 금리하락'의 '3저 호황' 현상은 한국경제의 대외자립에 중요한 계기가 되었다. 수출 강국인 일본과 서독이 큰 타격을 받았고, 한국은 뜻밖의 수혜를 입었다. 일본제품과 힘겹게 경쟁하던 한국제품이 가격경쟁력을 갖게 된 것이다. 중화학제품 수출이 급증하는 동안 한국은 대폭의 무역수지 흑자를 냈다. 조선왕조가 개항한 이후 무역수지 적자를 면치 못했던 한국경제는 110년이 지난 후에서야 겨우 대외자립 국면에 들어설 수 있게 되었다. 80년대 말 한국경제 규모는 세계 20위권에 진입할 정도로 커졌다.

해외이주 이민정책도 큰 몫을 했다. 브라질, 아르헨티나 등 남미로의 농업이민이 활발하게 추진되었다. 1970년대에는 취업이민과 국제결혼, 유학생까지 이 행렬에 동참했다. 이들은 모국에 대한 강인한 귀속의식과 애정을 여러 방법을 통해 표출했다. 고난과 어려움을 이겨내고 성공한 사람도 많다. 일부 국가에서 일본제품이 휩쓸었던 문구시장을 장악한 중남미 교포, 동남아시아에서 새로운 형태의 자동차 제조시장과 오토바이 시장을 석권한 교포, 아프리카에서 착실히 보석 시장을 넓혀가는 교포, 동유럽에서 쌀을 재배하여 서유럽에 수출하는 교포도 있다. 재외동포의 경제력은 100조 원 정도(KT경제연구소, 2011년)로 당시 1년 국가 예산의 3분의 1을 차지할 정도로 크다. 국가와 함께 재외교민들도 꾸준히 성장한 것이다.

2000년은 중화학공업의 비중이 처음으로 80%를 넘어선 시기다. 자동차·조선·휴대폰·반도체와 같은 고부가가치 제품으로 빠르게 재편됐다. 수출 품목 중 반도체·컴퓨터·자동차가 1~3위를 차지했다. 2006년은 세계에서 11번째로 연간 수출 3천억 달러를 달성한 해였다. 불과 6년만인 2011년에는 5천억 달러를 달성하였고, 2018년에는 6천억 달러를 돌파했다. 국

▌새로운 강대국 코리아의 특징

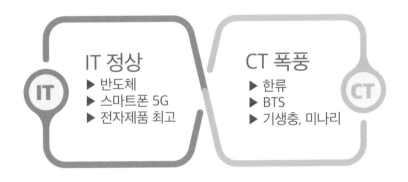

IT 정상
IT
▶ 반도체
▶ 스마트폰 5G
▶ 전자제품 최고

CT 폭풍
CT
▶ 한류
▶ BTS
▶ 기생충, 미나리

가별 수출액수로는 미국·중국·일본·독일· 네덜란드에 이어 6위를 기록하였다. 하지만 네덜란드는 중개무역 국가이므로 자국 제조제품만을 대상으로 하면 한국이 5위다.

2019년에 한국은 세계가 객관적인 지표로 경제를 판단하는 30-50클럽에 가입했다. 30-50클럽 가입조건은 1인당 국민소득이 3만 달러 이상, 인구 5천만 명 이상이 되어야 한다. 미국, 일본, 독일, 프랑스, 영국, 이탈리아에 이어 한국이 가입함으로써 총 7개국이다. 1인당 GNI 3만 달러 이상이 되었다는 것은 우리나라가 경제의 양적인 측면뿐 아니라 질적인 부분도 선진국 대열에 들어섰다는 뜻이다. 한국을 제외한 나머지 6개국은 과거에 세계를 주름잡았거나 식민지를 가졌던 초강대국들이다. 20세기에 식민지를 가진 경험이 없는 국가로는 한국이 처음이다. 한국은 2017년 기준으로 세계수출 순위 6위, GDP 규모 세계 11위, 군사력 10위이니 강대국이라는 타이틀이 어색하지 않은 국가가 아닌가?

IT (Information Technology) 강국 코리아
- 커뮤니케이션은 한반도의 정체성

앨 고어 전 미국 부통령은 "구텐베르크의 기술은 조선에서 들여온 것으로, 세계 인쇄술의 발전은 모두 한국 덕분이다."라고 했다. 미국의 시사 사진잡지 〈라이프〉는 '인류역사상 가장 중요한 사건'으로 금속활자를 선정했다. 그만큼 인쇄기술의 발명은 인류문화를 바꿀 정도로 세계사에 끼친 영향이 크다. 필사(筆寫)의 시대에서 판본(版本) 시대로의 전환을 가져왔기 때문이다. 일부 지식층에서만 누렸던 교육과 지식이 일반인에게 확대되었고, 이를 통해 사회 전반의 수준을 높이는 원동력이 되었다. 고려의 인쇄술을 기반으로 조선시대에는 학문과 음악에서 더욱 빛을 발하게 되었다. 태종은 활자를 만들어 책을 찍어 내는 주자소(鑄字所)를 만들었고, 세종대왕은 그 틀을 이용해 한글 활자를 만들고 악보를 새로 정비했다. 현재 기록유산의 다수를 차지하는 기록물들도 생산되었다. 우리나라가 IT, 드라마, 영화 등에서 앞서가는 콘텐츠 강국이 된 것은 천 년을 이어온 '활자의 정신' 때문이라고 생각한다.

　활자를 중심으로 한 지적교류문화는 산업화시대를 거쳐 정보화시대에 이르러 IT시대를 열었다. 1994년 정부는 21세기 정보사회화에 능동적으로 대처하고, 정보통신산업을 국가발전 전략산업으로 집중 육성하기 위해 '정보통신부'를 만들었다. 현재는 무선 광역통신망 최고 국가, 세계 최초 5세대(5G) 이동통신 서비스와 스마트폰 상용화, 세계 스마트폰 시장 최고 점유율 등 IT 세계에서 한민족의 능력을 유감없이 보여주고 있다. 이런 기술력은 세계시장에서의 평가이고, 내부적으로 얻은 가장 큰 변화는 우리 국민의 뛰어난 소통능력이다. 한국인의 정보소통능력은 다양한 곳에서 그 진가를 발휘하고 있는데, 사례를 하나 들자면 '코로나'라는 미증유의 감염병 사태에서 투명한 정보제공의 도구로 활용했다는 것이다. 신종 코로나 바이러스에 대응하는 과정에서 요구되는 것은 투명성과 빠른 정보공유이다. 한국은 정확한 정보를 투명하게 공개하고 적시에 공유하고 있어 세계의 모범이 되고 있다.

CT(Culture Technology) 강국 코리아
- 세계 최강 소프트 파워

해방 이후 상당 기간 미제(미국제품)가 우리 생활을 지배했다. 미군정(美軍政)-미군 한국전쟁 참여-전쟁 후 미국원조에 이르기까지 미국의 영향을 크게 받았다. 모두가 가난했던 시절이었고, 제대로 된 산업이 없었던 터라 생필품이 부족했다. 외제 물건이 다량으로 한국에 유입되는 경로가 미국의 원조였다. 미제 물건을 쓴다는 것은 곧 높은 문화수준을 누리고 있음을 대변하기도 했다. 이후 그 자리를 일본제품이 차지하기 시작했다. 태평양전쟁에서 패전한 일본은 1960년대부터 거대한 내수시장을 바탕으로 초고속성장을 하며 기술 노하우를 축적했다. 70년대에 들어서면서 자동차를 비롯해 첨단전자제품을 세계시장에 내놓았고, 미국제품을 대신해 한국사회의 최상위 제품으로 자리 잡았다. 밥솥과 문구류 등은 최고 인기 상품이었다. 그 후 마이크로칩, 비디오게임기, 휴대용 음악재생기 등의 전자제품에서부터 자동차, 대형 산업기계 등도 맹위를 떨쳤다.

21세기에는 한국제품이 하나둘 세계무대에 이름을 드러내기 시작했다. 과거 10년간 엄청난 투자를 한 덕분에 반도체, 디스플레이와 이동통신은 이미 세계 1위를 확보한 상태였다. 특이한 것은 '한제(한국제품)' 대신 '한류(韓流)'라는 용어의 등장이다. 한류라는 용어는 우리가 만든 것이 아니라 한국의 드라마와 대중음악에 대한 거센 열풍이 불자 중국언론이 그 현상을 표현하기 위해 사용했다. 1990년대 동남아시아와 중국에서 일기 시작한 한국대중문화의 유행을 가리키는 것으로 드라마, 가요, 패션, 관광, 영화 등 한국 대중문화를 누리고 소비하는 경향을 말한다. 드라마로 시작한 한류 열풍은 'K-00'이라는 이름으로 문화산업뿐 아니라 전 분야의 제조업과 서비스시장을 상징하는 용어가 되어가고 있다. 'K-00'은 한국이 생산한 모든 유무형의 자원을 포함하고 있다.

이렇듯 한국은 아시아의 문화강대국으로 성장했다. 문화선진국이라 할 수 있는 미국과 유럽에도 한류 바람이 불고 있다. 유럽의 수많은 한류 팬들은 K-POP 공연을 해달라고 시위를 하고, 심지어 한국으로 K-POP 투어를 온다. 아시아를 거쳐 세계를 강타한 K-문화시장을 두고 세계는 다양한 연구와 논평을 내놓았다. 한국 기획사들의 전략, 일사불란한 군무, 아이돌의 트레이닝 참여, 수평적 홍보, 가치의 공유 등이 있다. 그러나 그들이 알아내지 못한 비밀이 하나 있다. 제국주의를 거치지 않은 국가에서 만든 문화상품이라는 점이다. 일반제품의 경우에는 대부분 가격대비 고품질 상품이나 넓은 시장을 확보한 강대국의 제품을 구매하게 된다. 아시아지역에서 일제상품이 위력을 발휘할 수 있었던 이유도 일본이 강대국이었기 때문이다. 하지만 '공감'을 전제로 하는 문화상품을 선택할 때는 다르다. 한국문화에 공감하는 첫 번째 이유는 한국인의 심성과 정서가 자신들과 유사하기 때문이다. 두 번째는 선진국 대중문화의 폭력성과 선정성에 대안으로 비폭력적인 문화를 동경한다는 것이다. 세 번째는 일본이 '대동아공영권'이라는 이름으로 아시아지역을 침략한 역사가 있어 아시아인의 문화 속에 그 아픔이 남아 있기 때문이다.

한국사회는 80년대생들이 초등학교에 다니던 때부터 유난히 교육열이 뜨거웠다. 하나 이상의 예체능 학원에 다녔고, 기존의 세대보다 높은 자존감을 가지고 성장했다. 부모의 집중적인 양육 덕분에 '특기'라는 무기를 지닐 수 있었다. 다소 기능적이긴 하지만 예술교육을 받은 국민이 배출된 것이다. 모두 스타가 될 수는 없으나 최소한 음악과 미술을 즐길 수 있는 소비자로서의 훈련은 한 셈이다. 이런 소비자들이 문화시장의 범위와 규모를 키웠고, 각각의 분야에서 새로운 스타도 만들어냈다. 뿐만이 아니라 스타를 지키는 핵심고객으로 남아 있기에 한류가 세계시장에서 큰 역할을 할 수 있었다.

하나의 사례를 보자. 미국영화협회(MPAA)에 따르면 한국 영화 시장규모는 세계 4위(2019년)이다. 인구가 적은 나라가 이런 지위를 가지려면 개인당 영화관람 횟수가 높아야 한다. 한국인의 1인당 영화관람 비율은 4.3(2019년, 한국콘텐츠진흥원, 한국 영화산업 결산보고서)으로, 긴 겨울을 가진 인구 35만의 국가 아이슬란드를 제외하고는 세계 1위이다. 다소 단편적인 결론이기는 하지만 한국이 세계 최고의 스타를 배출할 수 있었던 배경에는 '문화생산량만큼 문화소비량도 많다'는 객관적 사실이 있다.

지난 100년 동안 한국은 세계의 그 어떤 나라도 경험하지 못한 다양한 경험을 했다. 그 짧은 기간에 식민지를 경험했고, 전쟁을 치렀으며, 역동적으로 산업화에 투신했다. 이런 고달프고 뼈아픈 삶이 모두 문화콘텐츠의 소재가 되었다. 어떤 사람은 경제학적 관점에서 바라봤을 때, K-POP의 성공 비결이 '경쟁'에 있다고 했다. 서양의 팝음악과의 경쟁에서 살아남기 위해 일부는 모방하고, 일부는 차별화하면서 독창적 음악을 만들어냈다는 것이다. K-POP에는 또 다른 힘이 있다. 바로 복합성이 주는 친근함이다. 실제로 유학생들을 대상으로 BTS의 음악을 들려주고 자국의 음악과 유사한 요소를 찾아보게 했는데 많은 학생이 자국의 음악과 비슷한 요소가 있다는 답을 했다. 한국 대중가요의 상당수는 세계를 대상으로 작곡가를 섭외하거나 의뢰하여 작곡한다고 한다. 한국의 정체성인 '개방과 융합문화'가 음악 분야에서 빛을 발하고 있다고 볼 수 있다. 방탄소년단의 음악을 두고 해외 평론가들은 '천편일률적인 K-POP과는 다르다. 방탄은 직접 자신들의 노래를 만들면서 K-POP 시장에 새로운 기준을 제시했다'고 평가했다. BTS의 음악 한 곡 속에는 음식 위에 소스를 얹듯이 그들만의 자율성 위에 다국적 다양성을 얹어서 세계관을 표현하고 있다. 이것이 바로 고려시대의 현대적 재현이다.

4. 코리아! 강대국 모드로 전환하라

한국은 대국 사이에 끼어 있는 것이 아니라 그 중심에 서 있다

국가의 위치가 국가의 운명을 결정하는 것일까? 우리는 그동안 '반도의 숙명'을 운운하며 역사를 해석하곤 했다. 끊임없는 침략에 시달린 이유도 지정학적인 위치 때문이라고 했다. 강대국 틈바구니에서 이용당했다거나, 누구의 편을 들어줄 수도 없는 애매한 공간이라서 어쩔 수 없었다는 식으로 핑곗거리를 찾기 일쑤였다. 과연 반도국가의 운명은 외부세력의 수축과 팽창에 따라 결정되는가? 자연이 인간보다 우위에 있다는 '환경결정론'은 일부는 맞고 일부는 틀린 것으로 봐야 한다. 국가가 지닌 문화역량에 따라 주변환경을 변화시킬 수도 있다. 앞서 살펴본 바에 의하면 고려는 4대 강국의 거친 소용돌이 속에서도 500년을 거뜬히 버텨왔고 주변국의 문화와 문명을 흡수하여 최고의 문명국가를 건설했다.

우리에게 다시 기회가 있을까? 지금이 절호의 기회는 아닐까? 왜냐면 우리나라가 그동안 키워온 힘이 있으므로 강국들 사이에 끼인 것이 아니라, 중심에 있다고 보면 되기 때문이다. 한국은 세계의 문명과 문화를 빠르게 흡수하고 소화할 수 있을 만큼 변화에 능동적이고 문화 융·복합으로 새로운 것을 만들 수 있는 저력을 지녔으며, 이를 전파할 수 있는 거대한 문화시장을 확보하고 있다. 한반도 주변 4대 강국(미국, 일본, 중국, 러시아) 사이에 있다는 사실이 한때는 핍박이었을지 모르나 현재는 장점이 된다. 오

한국은 끼어 있는 것이 아니라 그 중심에 서 있다

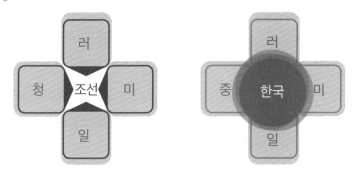

히려 시대가 요구하는 글로벌, 교류, 개방, 융합 등을 실현하기 좋은 환경이기 때문이다.

한국이 새로운 문화와 문명의 순환축을 아시아로 돌리는 역할을 해야 하는 시점이 바로 지금이다. 한국은 코로나 팬데믹(Pandemic) 상황에서도 나라의 문을 걸어 잠그지 않았다. 입국을 전면봉쇄하는 것은 실익이 없다는 판단 아래 조심스럽게 최소한으로 교류했다. 국내의 집중발생지도 끝까지 봉쇄하지 않았다. 전문가들 사이에서 낮은 단계의 봉쇄령이 필요하다는 의견이 나올 때도, 봉쇄령이 종일 실시간검색 1위를 차지할 때도 전면봉쇄보다는 능동봉쇄를 택했다. 국가는 시민의식을 믿었고 시민은 그 믿음에 답했다. 현대사회는 교류를 통해 생존하고 발전할 수밖에 없다. 우리에게 반도라는 지리적 위치는 어쩔 수 없는 숙명이고, 우리 민족성이 지닌 소통 DNA는 변화 가능한 운명이다.

새로운 선택이 필요한 코리아

2019년에 한국은 세계가 객관적인 지표로 경제를 판단하는 30·50클럽에 가입함으로써 강대국이라는 타이틀이 어색하지 않은 국가가 되었다. 그러나 애석하게도 너무 빨리 성장했기 때문인지 우리는 아직도 과거의 기억에 갇혀 있는 듯이 보인다. 70년대 개발 위주의 독재시대 성과에서 한 발짝도 벗어나지 못하고 있는 사람들도 있고, 80년대 민주화운동의 성과에 안주하고 있는 사람들도 있다. 성과를 기억하는 것은 잘못이 아니나 그 속에 멈춰 있다는 것은 문제가 된다. 한국의 문제를 해결해 나가는 길에는 다양한 해법이 존재하건만 시대를 건너오지 못하는 사람들로 인해 우리는 매번 사회적·정치적 갈등을 겪는다.

한국의 고민은 항상 새로운 선택을 해야 한다는 것이다. 이제 우리는 벤치마킹을 할 수 있는 나라가 없다. 식민지와 전쟁을 겪은 후 이렇게 경제발전을 빠르게 이룩한 나라가 지구상에 존재하지 않기 때문이다. 그래서 익숙한 것들과도 재빨리 결별하고 새로운 것을 선택해야 한다. 선택에 있어 가장 큰 장애물은 국가에 대한 우리의 인식이다. 우리가 약소국이었던 시절에 벌였던 논쟁은 지금 무의미하다. 이미 강대국의 길에 들어섰으므로 모든 국가정책과 국민사고의 틀을 강대국의 모드로 전환해야 한다. 그렇지 않으면 앞으로 더 나아갈 수 없다. 극단적으로 표현하자면 이미 성숙한 청년이 유아기의 장난감을 가지고 놀고, 청년이 어머니 손을 잡고 같이 목욕탕에 가고 있는 꼴이다. 어처구니없는 일이지만 지금 우리의 상당수가 이런 모습이다. 정치권도 예외가 아니다. 강대국이라면 적어도 제대로 된 의회 모습을 갖추어야 한다. 정파적 이해관계가 아니라 국가비전을 두고 싸워야 한다. 서양의 제국주의를 흉내 내자는 게 아니다. 서양의 강대국들은 약탈과 착취를 통한 식민지 전략을 펼치거나 종교로 식민지를 만들었다. 그래서 그들은 결코 우리의 모델이 될 수 없다. 한국은 '상생과 협력 그리고 보완'이라는 관점에서 포용적인 강대국 모델을 만들고 펼쳐야 한다. 기존의 강대국 개념과는 다른 강대국의 길을 걸어야 한다.

우리 사회에는 유럽의 사회민주주의 열풍이 불고 있는 가운데 최근 독일식 사회제도에 대한 논의도 활발해졌다. 이런 사례를 경계해야 하는 이유는 그런 국가들은 자국의 자본이 튼실했거나, 식민지를 통해 이미 국가 기반을 형성한 후에 민주주의와 사회주의의 옷을 입히는 작업을 했기 때문이다. 우리처럼 가난한 상태에서 출발한 것이 아니다. 우리는 돈을 벌면서 공부했고, 야학에서 학생들에게 민주주의를 가르쳐야만 했다. 그러므로 무분별한 제도 도입은 더 큰 문제를 일으킬 수 있다. 현재의 한국 제도를 비난하거나 비판하기 위해 서양의 제도를 들먹일 수는 있겠으나 한국에 새로운 제도를 도입해야 할 당위성을 설명하려면 한국 현대사를 정확히 이해하는 것이 우선이다.

실습의 시대에서 실험의 시대로

21세기가 막 시작될 때 '지식경영'이라는 말이 유행했다. 어느 언론사의 관련 포럼에서 미국의 한 교수가 기조강연 후 질문을 받았다. "한국의 교육에는 문제가 많다. 그 중심에는 주입식, 암기식 교육이 있다. 이러한 교육체계에 대해서 어떤 의견을 가지고 있는가?" 그가 대답했다. "만약 한국이 해방되자마자 창의력 교육이 중심이었다면 지금 어떻게 되었을까요?" 장내가 조용해졌다. 당시 상황으로 볼 때 우리의 교육에는 문제가 없었다는 뜻이다. 한국은 해방되자마자 경제발전을 위해서 서양과 일본의 앞선 기술을 받아 들어야 했으므로 창의력보다는 암기식이나 주입식 교육이 더 효율적이었다. 한국의 70년대는 과학기술 분야보다 기능올림픽에서 1위 하는 국가였다. 기능올림픽 메달리스트들이 귀국할 때 김포공항에서 광화문까지 카퍼레이드가 있었다. 전문가의 마지막 대답은 이랬다. "지금은 인터넷을 통해서 교육이 혁명적으로 변하고 있으니 한국은 이런 변화를 따라가면 됩니다."

생각해 보니 한국교육에 큰 문제가 있었던 것은 아니다. 다만 사회발전 상황이나 산업화 단계에 맞춰 변해야 한다. 그런 의미에서 볼 때 해방 이후 50여 년은 '실습의 시대'였다. 가난에서 벗어나기 위해, 선진국을 따라가기 위해 살았던 시기이다. 우리는 맹렬히 살았고, 여러 분야에서 선진기술을 습득했으며, 21세기 초에는 선진국 수준에 이르렀다. 일부는 세계 1위를 석권한 산업군도 나타났다. 반도체, 전자, 조선 등은 한국이 앞서가고 있다.

이제 '실습의 시대'는 지나가고 '실험의 시대'에 진입했다. 실습은 이미 배운 이론을 토대로 기술습득을 위해 직접경험하는 것을 말한다. 실험은 여러 실습을 바탕으로 세운 가설이나 이론이 실제로 들어맞는지를 확인하기 위해 다양한 조건 아래에서 여러 가지 측정을 하는 일로 어느 정도의 모험을 동반한다. 실험은 실습보다 훨씬 도전적이며, 실험을 통해 새로운 것을 얻을 수 있다. 한국은 실습시대를 잘 거쳐왔기 때문에 빠르게 실험시대를 맞이했다. 하지만 아직도 실습시대의 사고로 단순한 실습과정을 강요하는 흔적들이 사회 곳곳에 남아 있다. 이제는 정치적으로나 사회적으로 실험을 장려해야 하는 때다. 도전하는 청년, 도전하는 기업가, 도전하는 예술가에게 힘을 실어주고, 마땅한 대우를 해줘야 한다.

단점의 시대에서 장점의 시대로

외국인의 시선으로 봤을 때 한국인과 일본인의 차이는 무엇일까? 미국의 한 교수는 '일본은 장점을 찾으려 하고, 한국은 단점을 찾으려고 하는 점이 다르다.'고 했다. 그 결과 일본인은 성실, 친절, 단합 정신을 자신들의 장점으로 찾았다. 한국은 왜 단점을 찾는 민족으로 보였을까? 그 교수는 '한국인은 아마도 근대-현대에 이르는 동안 겪었던 불행, 그 불행의 근원을 찾는 과정에서 단점을 더 많이 드러내게 된 것 같다.'고 했다. 그런 분석이 다 맞는 것이라고 볼 수는 없지만 한 번쯤 곱씹어 생각해볼 만하다. 그리고 반문해보자. 우리는 스스로를 평가하는 데에 너무 인색하지는 않았을까?

해방 후 70년 동안 우리는 열심히 살았다. 노동뿐만 아니라 소비촉진을 위해서도 노력했다. 생산, 소비, 유통 등 경제시장에서는 인구가 적다는 것은 큰 한계다. 이 한계를 극복할 수 있었던 이유는 신제품 구입시기 단축, 즉 동일품목 구매빈도가 높았기 때문이다. 그 결과 인구 규모가 작은 국가에서는 생산할 수 없는 여러 획기적인 제품을 만들어낼 수 있었다. 한국에는 '자동차 10년 타기 운동본부'가 있다. 시민들이 나서서 차를 오래 타자는 운동을 하는 나라는 아마 한국이 유일할 것이다. 서양인과 비교했을 때 한국인은 자동차를 빨리 바꾸는 편이다. 이런 구매형태는 바람직하지 않다고 전문가들은 비난한다. 하지만 역으로 생각해보자. 자동차산업을 시작한 초기에 만약 국민이 그만큼 빨리 자동차를 바꾸지 않았다면 한국의 자동차 브랜드들이 이렇게 성장할 수 있었을까?

한국 영화시장 규모(극장 시장 매출액 기준)는 세계 4위(미국 영화협회, 2019년)다. 1인당 영화관람 횟수는 30만 정도의 작은 나라 아이슬란드를 제외하면 세계 1위다. 이런 통계를 두고 일부에서는 '영화광들의 나라'가 아니라 그저 '극장 나들이를 즐기는 나라'라고 폄훼하는 평가를 하기도 한다. 이런 편협한 시각으로는 영화시장을 이해하기 어렵다. 영화산업에 대한 정부의 노력과 영화를 향한 국민의 열정을 알면 그렇게 단편적으로 말할 수 없을 것이다. 영화산업 진흥을 위해 국가는 중·소영화, 독립·예술영화 등 창작자 중심의 지원정책을 확대했고, 영화산업 내 각종 불공정 이슈 해소를 위한 법과 제도를 개선했다. 그리고 국민은 영화를 열렬하게 사랑했다. 여가를 즐기는 방법 중에서 가성비가 좋기 때문이기도 하지만 심야 시간대까지 기다려 가며 영화를 보는 열정은 참 대단하다.

선진국이자 강대국의 반열에 올라와 있는 국가들이 몇백 년에 걸쳐 이뤄 온 것을 우리는 70년 만에 이뤘다. 잃어버린 시간을 찾고 불행한 역사에서 벗어나기 위해 70년을 2백 년처럼 살다 보니 서두를 수밖에 없었다. '빨리빨리'가 한국인을 대표하는 말이 되었을 정도다. 하지만 빨리빨리 해결한다는 것은 동전의 양면과도 같으니 한 면만 바라볼 일은 아니다. 우리가 사회문제라 여겼던 것, 단점 많은 국민성이라 인정했던 것들이 바로 오늘의 한국을 만들었다. 그러니 현대사를 폄훼하지 말자. 단점보다는 장점이 더 많은 나라이고 국민이다. 이제는 장점을 먼저 생각하고 장점을 기록하자.

영토사 중심에서 문명사와 교류사 중심으로

세계적인 역사학자 에드워드 핼릿 카(E. H. Carr)는 〈역사란 무엇인가?〉라는 저서에서 '역사는 역사가에 의해 선택된다는 사실을 전제로, 역사를 이해하기 위해선 역사가를 이해해야 한다.'고 했다. '역사가가 누구이며, 그가 살았던 사회 환경은 어떠했는가?'를 알아야 역사를 제대로 이해할 수 있다. 한국사를 기술하기 시작한 사학자들은 어떤 사람일까? 지금 우리가 배우고 있고 알고 있는 우리 역사의 기조를 만든 사람들은 거의 조선시대에 태어난 사람이다. 조금 늦은 시기라 해도 일제강점기다. 이 사학자들은 한민족사에서 가장 불행한 시대에 살았다. 조선후기에는 탐관오리의 학정(虐政), 일제강점기에는 식민지배, 미군정시대에는 주체성 상실, 한국전쟁에서는 동족상잔의 비극을 겪었다. 가장 불행한 역사를 체험한 사람들에 의해 선택된 역사적 사실과 그 해석이 오늘날에도 같은 의미를 지닐 수 있을까?

역사는 역사가의 관점에 따라 조금씩 다르게 해석된다. 역사가를 비판하거나 왜곡 사실을 밝혀내자는 얘기는 아니다. 역사에 관한 대부분의 논쟁이나 담론은 역사관의 차이에서 비롯된 것이므로, 그 해석의 차이는 학문의 자유이므로 존중해야 한다. 그러나 역사를 어떤 요인에 따라 해석하느냐에 따라 같은 사건이라도 전혀 다른 원인과 결과로 해석될 수 있으므로 역사해석에서의 다양성을 확보하자는 것이다. 해방 후부터 시작된 역사교육은 '영토사' 중심으로 이뤄졌다. 역사가들은 36년 동안의 치욕적인 과거를 잊기 위해 역사상 가장 강한 국가였던 고구려를 강조했다. 비겁했던 조선을 감추기 위해 영·정조 시대를 한민족의 르네상스로 강조하고, 일본을 혼내준 이순신을 최고의 영웅으로 등장시켰다. 해방 이후의 역사적 담론 형성과정은 이해가 된다. 동북아를 호령했던 고구려사의 재발견, 무능하여 나라를 내주었던 조선의 역사 중 그나마 화려했던 영·정조 시대의 소환, 그리고 이순신 중심의 영웅담은 한민족의 자존감을 회복하는 데 있어 도움이 되었을 것이다. 하지만 이제 우리는 약자가 아니다. 역사를 새로운 시각으로 해석해야 한다. 고구려의 영토사나 단순한 영웅담에 위로받는 역사의식으로는 부족하다. 그 담론은 그 시기의 담론이었을 뿐이므로.

'왜 비참해졌는가?' 보다는 '어떻게 강해졌는가?'를 찾자. 전쟁사나 영토사보다는 어떻게 문명과 문화가 전해 내려오고 있고, 그 문명과 문화를 어떻게 융합했으며, 어떻게 최고의 문화국가를 건설했는가를 찾아 그 역사를 다시 배우자. 그 사례가 바로 고려의 문명사이자, 고려의 교류사이다.

고유성 중심에서 복합성 중심으로

해방 이후 우리는 우수한 민족이라는 것을 강조하기 위해 무던히 애를 썼다. '최초'라는 타이틀을 거머쥐기 위해 일본과의 갈등을 마다하지 않았다. 우리는 우리가 만들어서 일본에 전해주었다고 주장하고, 일본은 독자적으로 만들었다고 주장하는 식이었다. 그때마다 우리는 마치 자존심 싸움을 하듯이 우리 민족의 고유성과 독자성을 강조했다. 문화의 전파는 교류과정에서 일어나기도 하고, 자극을 받아 새롭게 발생하기도 한다. 그렇다면 어디까지를 고유성으로 인정해야 하는지 참 곤란할 때가 있다. 음식도 비슷하다. 김치는 한국 고유의 음식이 분명하다. 그러나 고추, 배추 등의 식재료는 외국에서 건너온 것이고, 젓갈의 유래도 메콩강 주변이다. 채소 절임과 같은 저장법은 어느 나라에나 있다. 고추가 유입되기 전까지는 우리도 채소 절임을 먹었다. 현재 우리가 먹고 있는 빨간 배추포기 김치의 역사는 100년이 조금 넘는 정도다. 김치의 유래를 찾아 거슬러 올라가 보면 누가 먼저 먹기 시작했는지 따지기가 어렵다. 하지만 유입된 여러 재료를 이용해 우리만의 방법으로 담그고 있으니 김치와 김장문화는 우리 것이다.

80년대 후반에 등장했던 '신토불이(身土不二)'라는 말을 기억하는 사람들이 많을 것이다. 불교에서 유래한 말로 몸과 자신이 태어난 땅은 하나라는 뜻이다. 자신이 태어난 땅에서 나온 먹거리가 자신의 몸에 더 잘 맞는다는 뜻으로 사용되었다. 광고에도 자주 등장하고, 대중가요도 만들어질 정도였다. 신토불이는 우리 농산물 애용운동의 대명사가 되었고, 농산물 시장개방을 반대하는 상징적인 용어가 되었다. 덕분에 원산지 표시제가 확대되고, 우리 농수산물에 대한 소비자 선호도가 명확해지면서 식품업계에 국산화 바람을 몰고 오기도 했다. 그러나 아직도 '무조건 국산이 최고'라며 애국심에 호소한다면 그것은 시대착오적 발상이다. 당시에는 국가의 자존심을 회복시키는 데에 어느 정도 도움이 되었을지는 몰라도 전혀 과학적이지 못하고, 영양학적으로도 근거가 없다. 먹거리는 신선하고 안전한 것이 최고다.

'가장 한국적인 것이 가장 세계적인 것'이라는 말도 맞고, 우리 것의 고유성을 지키는 일도 중요하다. 그러나 고유성만을 강조하는 학문적 풍토는 위험하다. 문화는 융·복합 과정을 통해 형성된다. 한국은 개방과 융·복합이 유리한 반도 국가다. 한국적 고유성이 세계적일 수도 있겠으나, 다양한 문명과 문화를 결합하여 세계적인 것을 만들 수 있는 확률이 더 높다. 다시 세계시장을 보자. 국경이 없는 글로벌 경제시대의 세계시장은 오로지

제품, 서비스의 질, 가격만이 경쟁요건이 된다. 고유성만을 강조하다가는 자칫 배타주의로 빠지지 않을까 경계해야 한다.

유약한 민족성에서 단단한 국민성으로

한국인의 민족성을 나타내는 말들이 있다. 자의든 타의든 간에 우리 민족에게는 깊은 한, 따뜻한 정 등의 고유한 성질이 있는 것으로 나타나 있다. 대표적인 민족성이라고 일컬어지고 있는 '한(恨)'은 속에 응어리가 있는 강박적인 마음자세다. 이런 한(恨)은 타인과의 관계에서 발생하거나 스스로 후회할 상황을 만들었을 때 나타나는 것으로 현재의 감정이 아니라 묵은 감정이다. 이 집요하고 슬픈 감정이 과연 우리의 민족성일까? 역사 기록을 보면 우리 민족은 풍류를 즐기고 흥이 많다고 나와 있다. 그 풍류가 이어져 일본 '가라오케(からオケ)'를 '노래방'이라는 이름으로 세계화했다. 뿐만이 아니다. 우리는 소통 욕망이 아주 높은 민족이다. 한글 보급과 스마트폰, 인터넷 활용 등은 커뮤니케이션 지수가 가장 높은 민족임을 증명하고 있다.

일제강점기와 한국전쟁을 겪은 후 산업화 과정에서 빠른 경제성장을 이루기 위해 '빨리빨리'라는 근성도 생겼다. 1997년 IMF 구제금융 요청 당시에는 금 모으기 운동, 2002년 한·일 월드컵 때에는 전 국민의 길거리 응원, 2016년 겨울에는 23주간 이어진 촛불집회로 외신들이 놀랄만한 단결력을 보여주었다. 또 경제성장기에는 야근도 마다하지 않고 일한 결과 세계인들에게 '근면·성실'한 국민성을 보여주었다.

민족성과 국민성은 같은 것인가? 한(恨)의 민족성은 과거 한국인의 정서를 반영한 것으로 현재의 국민성과 같다고 볼 수는 없다. 이 민족성은 과거의 오랜 역사 속에서 드러난 것으로 우리가 핍박받고 가난했던 시기에 형성된 것이다. 이것을 바탕으로 민족성을 정의한다는 것은 문제가 있다. 요즘 젊은 세대는 이 정서에 공감하지 못한다. 어떻게 보면 민족성이라기보다는 일정 시기를 대표하는 시대성이라 부르는 표현이 맞을 것이다. 대한민국은 1919년 임시정부 수립을 뿌리로 해방 이후 새롭게 건설된 국가이며, 어느 국가보다도 빨리 산업화와 민주화를 이룬 국가다. 현재 한국인은 역동적인 삶을 사는 국민이다. 그래서 조선인과 한국인을 구분해야 하고, 민족성과 국민성도 구분해야 옳다. 한국인의 민족성을 강조할 것이 아니라 우수한 국민성을 새롭게 정립할 필요가 있다. 상실감에 젖어 원한을 품고 있는 나약한 민족이 아니라 우리는 따뜻한 정, 은근과 끈기, 굳센 단결력으로 미래를 개척해나가는 대한민국 국민이므로.

유치에서 발굴의 시대로

80년대 이후, 한국은 국제적인 스포츠행사를 유치하는 데에 공을 들였다. 정부는 국가마케팅 수단의 한 방편으로 스포츠마케팅을 선택했고, 하계 올림픽, 월드컵, 세계육상선수권대회, 동계올림픽, 세계수영선수권대회 등을 유치했다. 세계 5대 스포츠 대회를 모두 개최한 국가는 5개국 밖에 없다. 국가홍보 효과가 큰 국제스포츠 행사는 국익과 국민통합 전략으로 활용되었다. 당시에는 국가의 힘이 강하지 못했으므로 국제행사를 유치하는 것만으로도 대단하다고 여겼다. 88올림픽과 2002년 월드컵은 관광산업에도 획기적인 변화를 가져왔다. 1989년에는 제2의 민항인 아시아나가 취항을 시작했고, 해외여행이 자유화되면서 관광업도 탄력을 받았다. 1989년 1월 1일을 여행업계의 광복절과 같은 날이라고 할 정도였다.

　국제 스포츠대회를 유치하여 진행하는 동안 국내에서 발굴한 토종 스포츠대회가 하나 태동했다. '세계무예마스터십대회(World Martial Arts Masterships)'이다. 충북 충주시는 한국 전통무예인 '택견'을 복원하고, 세계무예의 허브가 되고자 1998년 세계 최초로 세계무술축제를 개발했다. 이후 유네스코 공식후원 축제로 발전시키고, '전통무예진흥법'을 제정했다. 18년 후에는 100여 국에서 참여하는 '세계무예마스터십대회'를 개최했다. 주체기구(Governing Body)인 세계무예마스터십위원회(세계무예마스터십위원회(World Martial Arts Masterships Committee, WMC)는 2016년 설립되었다. 올림픽종목인 태권도(WT)와 유도(IJF)를 비롯해 20개 무예종목, 19개 단체가 참여했다. 세계무예마스터십(2016, 2019)과 세계청소년무예마스터십(2017), WMC컨벤션(2016~2021)을 국제스포츠경기연맹총연합회(GAISF) 등의 후원으로 개최했으며, 유네스코 자문파트너십 NGO와 체육/스포츠분야 상임자문기구의 지위를 가지고 있다. 하지만 아직 제도적 정비가 마련되지 않았다. 현재의 스포츠행사 관련법은 국제대회유치지원, 국민체육진흥법, 지방재정법 등 모두 유치에 관한 것뿐이다. 우리 스스로 스포츠대회를 만들어본 경험이 없기 때문이다.

한국은 세계무예마스터십대회를 시작으로 국제스포츠 유치국가에서 새로운 국제스포츠를 발굴하고 개발하는 국가가 되었다. 스포츠 분야에서만 그런 것이 아니다. 2020년 12월 국제적 물류기업인 한국대표는 인터뷰에서 이런 말을 했다. 그는 "2021년 한국은 전자상거래(e-commerce) 시장에서 세계 3위가 될 것"이라고 예견했다. 인구규모로 봤을 때, 한국은 이미 디지털경제시장에서 세계 1위다. 쿠팡을 위시한 소셜커머스 업체와 롯데·신세계 등 기존의 유통 대기업, 네이버 등의 정보기술(IT) 기업까지 경쟁하면서 시장이 확대된 것이다. 한국의 변화가 빠른 만큼 기존 직업도 빨리 사라지고, 새로운 직업도 빨리 만들어질 것이다. 이제는 해외사례가 한국의 모델이 되기는 어렵다. 그러므로 새로운 법과 제도를 가장 먼저 만드는 국가가 되어야 한다.

Ⅱ

강대국 시민의 탄생 :
새로운 고려인의 탄생

1부에서는 문명사 측면에서 고려의 역사를 살펴보고, 고려의 실용적인 외교와 개방적인 문화의 가치를 발견했다. 2부에서는 '강대국 코리아'를 누가 이끌어 갈 것이며, 그들을 위해 무엇을 준비해야 하는지 점검해 보고자 한다.

기성세대에게는 조금 아쉬운 말이지만 강대국을 이끌 주인공은 현재의 청년세대다. 그들을 새로운 '고려인(高麗人)'이라고 부르려고 한다. 고려인이 가졌던 개방적이고 실용적인 태도의 인물이 새로운 강대국의 주체가 되어야 하기 때문이다. 우리 기성세대는 후진국에서 태어나 어렵게 공부하면서 격변기에 산업전선에서 누구보다 열심히 살았으나, 장유유서(長幼有序)와 사농공상(士農工商)으로 점철된 조선인의 허물을 완전히 벗어던지지는 못했다. 아직도 산업화 시대와 민주화시대의 중간역에 서 있는 형편이다. 상대방에게 손가락질하고 고함지르는 것으로 제 할 일을 다한 것처럼 행세하는 '꼰대 세대'는 이제 그 역할을 끝내야 한다.

냉장고에 음식이 채워져 있는 상황에서 자란 세대에게 맨주먹정신을 강요하는 기성세대, 어설픈 민족주의를 호소하는 기성세대는 젊은이들에게 동기부여를 할 만한 새로운 어젠다(agenda)를 제시하기 어렵다고 본다. 직장에서도 마찬가지다. 기존 조직문화를 강요하다가는 오히려 역효과만 낳게 된다. 기성세대가 주어진 환경 안에서는 누구보다 열심히 살았다는 점은 인정한다. 그러나 지금의 한국은 그때의 한국이 아니다. 서둘러 청년세대에게 한국을 맡길 준비를 해야 한다.

여기서 말하는 청년세대는 90년대에 태어난 세대가 중심이 되는 세대이다. 최근에 『90년생이 온다』라는 책이 출판되면서 90년대생에 관한 관심이 부쩍 늘었다. 이들은 간단하고, 재미있고, 정직한 것을 좋아한다는 특징을 지니고 있다. 기존에는 전혀 문제가 되지 않았던 것들, 부당함과 비합리적인 상황에 과감히 이슈를 제기한다. 이런 것들이 때론 주변을 당황스럽게 만들기도 하고, 어른들에게는 참을성이 부족한 것으로 비칠 수 있다. 그러나 그들만큼 강대국 시민으로서 준비가 철저한 세대도 없다고 본다. 그래서 90년대에 태어난 청년들이 어떤 장점과 자격을 갖춘 세대인지, 그들이 이끌어갈 미래를 위해 지금 우리가 준비해야 할 것은 무엇인지 살펴보려 한다.

1. 사회적 책임과 국가의 의무를 다하는 첫 번째 청년의 시대

선진국에서 태어난 첫 세대, 90년대생

60년대생은 후진국에서 태어난 마지막 세대이고, 그들의 자녀인 90년대생은 선진국형 국가에서 청년기를 보내는 첫 번째 세대이다. 부모도 교육자도 586세대가 대부분이다. 후진국에서 태어난 이들이 선진국에서 태어난 이들을 가르치려 하니 서로의 갈등이 이만저만 아니다. 갈등을 유발하는 쪽은 기성세대일 확률이 훨씬 더 높다. 변화한 세상을 받아들이지 못하고 과거에 매달려 있기 때문이다. "라떼는 말이야."라는 경험담은 개인적인 추억일 뿐 교훈으로 먹힐 리 만무하다. 기성세대는 젊은 세대들이 고민 없이 산다고 걱정을 한다. 정말 세상사에 관심이 없는 걸까? 그들은 솔

▌청년세대의 가치와 특성

책임
▶ 국가사회적 의무
▶ 경제적 책임

실용
▶ 유능한 세대
▶ 소유→경험

공정
▶ 공정한 경쟁
▶ 공정한 대우

균형
▶ 사고의 균형
▶ 행동의 균형

직하고 간단명료한 것이지 생각 없이 사는 것은 아니다. 쓸데없는 것에 관심을 두지 않을 뿐이다. 청년의 멘토는 청년이 정하게 해야 옳다. 기성세대가 아무리 값진 경험을 했다 하더라도 청년이 선택하지 않으면 그저 옛이야기에 불과하다.

우리는 젊은 세대에게 가르칠 것보다는 배울 게 더 많다는 사실을 인정해야 한다. 기술적인 부분에서 이미 그들에게 기대어 살고 있다. 일부 기업에서는 '역(逆) 멘토링제도'를 도입하여 각 부서의 팀장급 이상이 중요한 결정을 내리기 전에 젊은 사원들을 찾아가 의견을 구한다. 최종 결정이 뒤집힐 정도로 만족스러운 결과를 얻을 때도 있다고 한다. 우리는 젊은 세대에게 참여 기회를 준다면서 보조적인 역할만을 부여할 때가 많다. 젊은 세대에게 실질적인 권한을 주었을 때 효과가 극대화된다는 점을 사례를 통해 많이 공부할 필요가 있다.

가구당 취업률을 높인, 가장 빠른 실질적 경제활동 세대

우리나라에서 아르바이트가 활성화되기 시작한 것은 경제성장이 본격화된 1970년대. 가장 인기가 많았던 것은 고학력자들의 가정교사 아르바이트였다. 입주식 아르바이트는 등록금도 벌고, 하숙비까지 해결할 수 있어서 지방 출신 학생들에겐 더없이 좋은 자리였다. 하지만 일류대학 학생이 아니면 꿈도 꿀 수 없는 황금 일자리였다. 그마저 1980년대에는 정부에서 사교육을 금지하는 바람에 과외는 불법이 되었다. 대신에 일명 공사판이라 불리는 건설 공사장에서 일해야 했다. 이후 고도경제 성장기를 거치면서 서비스산업이 발달하고 1990년대에 시간제 근무가 활성화되면서 음식점이나 호프집 서빙 등 여러 분야에서 다양한 아르바이트 형태가 나타났다. 아르바이트는 일상 용어가 되었고, '알바'라는 줄임말이 대중적으로 사용되고 있다. 최근에는 아르바이트를 알선해주는 '알바몬', '알바천국' 같은 전문업체들도 생겨났다.

기성세대가 경험한 아르바이트는 학비를 벌기 위한 수단 또는 자투리 시간에 잠깐 일하고 용돈이나 버는 정도였다. 하지만 현재 청년세대의 아르바이트는 다르다. 아르바이트 개념과 의미가 변한 것이다. 등록금을 내고, 여행을 가고, 생활비를 벌기 위해 일한다. 지금의 학생들에겐 엄연한 경제활동이다. 아르바이트는 사회에 나가기 전 마케팅과 유통, 서비스업을 경험하는 작은 사회이며, 정규직을 얻기 위한 이력으로 활용되기도 한다. 아르바이트를 통해 다양한 경력을 갖춘 사회인이 되어 있다는 것을 인정해줘야 한다. 아르바이트가 정식적인 취업형태는 아니라 할지라도 청년세대의 실질적 경제활동 시기를 앞당긴 것은 맞다. 2018년 채용 포털 알바몬이 '대학생 아르바이트 현황'을 조사한 결과를 보면 방학과 학기 상관없이 항상 아르바이트에 참여하는 대학생은 65.9%로 조사됐다. 최근 3년간 매년 10% 이상 증가하고 있으며, 가장 많이 하는 아르바이트 직종은 '매장관리 및 판매'다. 스스로 주체적인 경제활동을 한다는 점에서 젊은 세대가 기성세대보다 독립적이다. 직업 경력을 시작하는 아르바이트 활동이 차지하는 사회·경제적 비중도 적지 않다. 바로 이들이 가구당 평균 취업자 수를 높여준 세대이며, 가정의 경제적 안정성을 높여주는 선진국형 청년 층이다.

모두가 국방의 의무를 지키는 첫 번째 세대

'무전 현역, 유전 면제', '군 면제자는 신의 아들, 현역은 어둠의 자식'이 라는 말이 떠돌 정도로 돈 있고 힘 있는 집안에서는 이리저리 요령을 피워 현역 입대를 피했던 시절이 있었다. 30년 전의 이야기다. 그런데 그들이 기득권을 쥘 무렵에는 군복무 가산점제도 폐지가 이슈화되면서 결국 위헌 판정을 받았다. 지금도 이 제도를 다소 변형한 뒤 재도입을 추진하는 병역 법 개정안이 잇달아 발의되는 상황이지만 통과하기 쉽지 않다.

현 사회의 주류세력인 586세대가 청년기였던 80년대 현역 입영 판정률 은 50% 수준이었다. 징병 대상자 현역 판정비율은 1986년 51%에서 1993 년 72%, 2003년 86%, 2013년 91%로 꾸준히 상승했다(2014년, 군복무환 경자료). 병역자원 부족 현상이 이어지면서 조만간 현역 판정비율이 90% 대 후반에 달할 것으로 추정된다. 어떻든, 거의 모두가 국방의 의무를 지키 는 첫 번째 세대는 90년대 생이다. 그래서인지 더욱더 부정과 반칙, 그리 고 불공정을 싫어한다. 2019년 〈국민권익위원회 민원정보분석시스템〉에 따르면, 2030세대 청년들의 민원은 전체 민원의 50.2%를 차지하고 있는 것으로 나타났다. 국민권익위원회는 동등한 기회와 공정한 경쟁을 바라는 청년들의 요구에 부응하고 청년들이 느끼는 생활 속 불공정을 개선하기 위해 '청년 체감 공정과제'를 발굴하고 제도개선을 추진하기도 했지만 큰 호응은 얻지 못한 것으로 나타났다.

기성세대의 상당수는 친구들이 부모의 영향력으로 군입대를 면제받거나 부정취업을 해도 분노하지 못하고 오히려 부러워했다. 불공정이 용인되는 것을 넘어 일상화되어 있어도 그것이 마치 특권이라고 여겼던 세대는 후진국형 인물이다. 그런 인물들이 공정한 사회를 만들어주겠다고 외쳐대니 누가 믿을 수 있겠는가? 이런 윗세대의 부조리함을 고스란히 담고 있는 기성세대의 불공정한 틀에서 청년들을 구하는 것이 강대국으로 가는 첫걸음이라고 생각한다.

2. 공정과 공유의 가치를 실천하는 첫 번째 세대

왜 '공정'인가

청년세대가 사회에 요구하는 것은 무엇인가? 90년대생을 다룬 책들을 보면 공통적으로 '공정'을 말하고 있다. 그들은 왜 공정함을 중요하게 여기는 것일까? 치열한 경쟁구도 속에서 살고 있기 때문이 아닐까 생각한다. 대학 입시와 취업을 사례로 들 수 있겠다. 10대에는 가장 치열한 입시경쟁을 겪었고, 20대에는 엄청난 취업경쟁, 30대 이후로는 직장에서 다시 끝없는 경쟁을 해야 한다. 이들이 공정을 강조하는 것은 교육, 시험, 채용 과정이 객관적이고 공평하면 최소한 공정하다고 여기고 결과를 받아들이겠다는 뜻이다.

청년세대가 선택한 가치는 공정성이고, 공정성을 실현하는 방법은 경쟁의 규칙을 지키는 것이다. 그들은 대상을 선정하는 과정, 절차, 결과가 공정한지 꼼꼼하게 살핀다. 그리고 평가기준이 불공정한 경우는 참지 않는다. 젊은 세대가 가진 유일한 무기가 바로 공정성이기 때문이다. 청년세대가 자신들이 손해를 입지 않기 위해 공정성을 요구하는 것처럼 보이지만 그렇지 않다. 자신들이 낸 세금, 선거, 정치 등 사회전반에 걸쳐 공정성을 요구한다. 직장 안에서는 능력을 기반으로 한 수평적 관계를 요구한다. 또 조세의 대상과 절차, 지출에 대해서도 공정성의 잣대를 내민다. 경제적 관점에서의 공정성의 확대는 시작되었고, 정치적 공정성에 대해서 계속 의문을 제기할 것이다. 이런 관심의 확대는 우리 사회를 훨씬 더 건강하게 만들고 있다. 공정성은 세대 간, 계층 간 연대의 계기가 될 가능성이 크다고 본다.

공정한 경쟁, 스타의 탄생

최근 '미스터트롯' '싱어게인' 등의 오디션프로그램들이 TV 시청률을 경신하며 열풍을 불러일으켰다. '전통가요 트로트의 귀환'이나 코로나 등으로 어려워진 '사회 분위기로부터 위로' 등의 평론이 나왔다. 식상한 평론들 말고 더 중요한 시대적 코드를 찾아보자. 첫째는 등장인물들이 가진 재능과 감성이다. 이들은 '문화생산자'로서 다양한 장르의 음악을 소화할 수 있는 재능과 6070 세대를 위로할 줄 아는 감성을 가졌다. 시청자들은 원석이 발굴되고 재능이 다듬어지는 과정을 지켜보면서 팬심을 키워나간다. 둘째는 시청자가 공정한 경쟁에 참여하는 것이다. '시청자평가'라는 공정한 경쟁을 통해서 순위를 정하는 시스템은 경쟁이 가장 공정하다고 믿는 우리 사회풍토를 잘 반영하고 있다. 배경과 관계없이 오직 실력과 미션 결과로 평가하는 오디션프로그램의 공식적인 룰에 따라 공정하게 스타를 배출한다는 믿음이 시청자 참여를 유도했다.

연예계에도 라인이 있다. 실력이 좀 부족하다 싶어도 연줄이 좋으면 방송에 자주 출연할 수 있고, 엔터테인먼트에서 키우자고 작정하면 스타가 만들어지기도 한다. 하지만 오디션은 심사에 특별한 비리가 없다는 전제 하에서 보면 기회가 공정하게 주어지는 편이다. 더욱이 실시간 시청자투표 시스템은 투명성을 더 견고하게 뒷받침해주고 있다. 회차를 거듭할수록 시청자에게 '내가 만든 스타'라는 자부심을 느끼게 해주기도 한다. 그런 면에서는 '수퍼스타K'를 비롯하여 '팬텀싱어' 등의 오디션프로그램도 맥락을 같이 한다. 젊은이들이 트롯트 열풍에 휩싸였다고 보기보다는 문화 소비자로서 오디션쇼의 매력인 리얼리티에 자신의 감정을 고스란히 이입시켜 절박함과 꿈의 실현 과정에 동참했다고 본다. 투명성과 공정성은 재미만큼이나 젊은 세대가 중요한 가치로 여기고 있는 철학이기에 오디션프로그램은 장르와 나이를 불문하고 인기가 있는 것이다.

공유와 구독경제

신세대들의 경제사정은 그다지 좋은 편이 아니다. 사회 초년생 때부터 학자금이라는 짐을 덜어내기 위해 안간힘을 쓰고 있다. 그러면서도 자신이 하고 싶고, 갖고 싶은 것에는 투자를 마다하지 않는다. 얻고자 하는 가치를 얻는 방법에는 여러 가지가 있다. 청년 세대는 지금 당장 욕구를 충족하기 위해 '소유'가 아닌 '공유'라는 방법을 선택한다. 현재의 욕망이나 만족감이 중요하기 때문에 제품이나 서비스를 구매할 능력이 되기까지 기다릴 필요가 없다고 생각한다. 해외직구를 통해 필요한 물품을 사고, 어느 정도 즐기다가 다시 되파는 일도 흔하다. '소유'보다는 '경험'을 더 중요한 가치로 여기기 때문이다. 기성세대는 원하는 물건을 얻기 위해 돈부터 모은다. 좀 더 발전한 케이스가 할부 구매 정도다. 신세대는 소유가 아닌 '사용'과 '경험'을 원하기 때문에 많은 것을 렌탈하고, 구독한다. 집은 거주공간일 뿐이고, 자동차는 이동수단일 뿐이다. 어렵게 산 물건을 10년씩 사용하는 기성세대를 보며 답답해한다. 유행이 다 지난 제품을 사용하느라 새 기능을 가진 새 제품을 써보지도 못한다는 것이다.

젊은 세대는 자신들의 욕망을 적은 비용으로 해결할 방법을 찾는다. 대표적인 것으로 공유경제와 구독경제가 있다. 공유경제는 제품을 사지 않고 여럿이 함께 공유해서 저렴하게 사용하는 협력 소비경제를 의미하는 것으로 공간을 임대하는 '에어비앤비'와 카셰어링 서비스를 제공해주는 '쏘카' 등이 있다. 구독경제는 이용기간만큼 물건 사용에 대한 비용을 지불하는 개념으로 매월 일정비용을 지불하면 콘텐츠를 무제한 이용할 수 있는 '넷플릭스'가 있다. 모두 '상품을 사는 것에서 서비스를 경험하는 것'을 중시한다는 공통점이 있다. 신세대들은 자신이 필요로 하는 서비스와 제품을 자신이 원하는 시간과 상황에 맞춰 사용하고 경험하기를 원한다. 그리고 그것을 현명한 소비라고 믿는다.

한 우물을 파야 성공한다고 굳건하게 믿고 있는 기성세대는 후진국에서 태어나고 자란 사람이다. 지금 경험해야 하는 것을 놓치지 않으려는 신세대는 선진국에서 태어나 자란 사람이다. 태생이 다른 만큼 사고와 생활방식이 다를 수밖에 없다는 것을 인정하자. 기성세대는 농업 중심적인 라이프스타일이고, 신세대는 유목민적인 라이프스타일이니 사사건건 마찰이 생길 수도 있다. 우리는 언제나 신세대와 얽혀 있는 관계에 있다. 신세대의 소비패턴이 이해가 안 되는 경우가 있더라도 비난하기 전에 그들의 소비패턴이 우리보다 좀 더 스마트해진 것이라고 이해해줄 수 있지 않을까? 이해가 안 되는 일이라면 양보해서라도 그들의 울타리에 발끝이라도 담그고 있어야 더 큰 틈이 벌어지지 않을 테니까.

3. 균형 잡힌 사고, 균형 잡힌 삶을 실천하는 첫 번째 세대

균형 잡힌 사고

2012년부터 한국사회의 문화, 라이프스타일, 비즈니스와 소비 트렌드를 흥미로운 시선으로 분석해 시리즈로 발간하고 있는 '날카로운 상상력 연구소'에서 최근에 흥미 있는 발표를 했다. 국가에서 주요 사건이 발생할 때마다 세대별 관심사가 어떻게 달라지는지 주요 기사 검색 통계를 통해서 살펴보았다. 예를 들어 고성산불, 낙태죄 헌재판결, 블랙홀 최초 촬영 사진 발표, 노트르담 사원 화재, 백두산 분화설 등 사회적 큰 이슈가 보도되는 날, 각 세대별로 어떤 기사를 많이 검색했는가를 통해 각 세대의 특징을 알아본 것이다. 50대 이상은 관련 이슈 기사보다 정치 관련 기사를 가장 많이 봤고, 30-40대는 연예계의 사건·사고 기사를 가장 많이 본 것으로 나타났다. 10-20대만 그날의 핵심 사건기사와 자신들의 관심사 기사를 골고루 봤다. 이 결과는 무엇을 말해 주는가? 대부분의 기성세대는 물론 30-40대도 세계적인 중요 이슈보다는 자신의 취향에 맞는 기사와 정보만 찾았다는 것이다. 제공되는 정보 자체를 편식한 것이다. 합리적이고 지혜로운 선택은 균형 잡힌 사고에서 나온다고 볼 수 있는데 기성세대는 이미 정보 수요에 있어서 균형을 유지하지 못하고 있음을 시사하고 있다.

사례가 하나 더 있다. 우리는 밀레니얼이 개인주의라서 사회나 정치 즉,

뉴스에 관심이 적을 것이라 오해한다. 미국 신문협회(2015년)가 내놓은〈밀레니얼은 어떻게 뉴스를 읽는가〉라는 보고서의 결론은 이들 세대가 '뉴스를 읽지 않는 것이 아니라 다르게 읽는다'는 것이었다. 그들은 언론사가 전해주는 뉴스의 범위를 넘어서서 SNS의 연결망을 통해 더욱 다양한 뉴스를 접한다. 이들은 무척 경쟁적이고 빠르게 변화하는 사회에서 자랐다. 밀레니얼이 살아갈 미래는 우리가 경험했던 팽창하는 세계가 아니라 축소·소멸하거나 불확실한 세계다. 그만큼 그들은 빠르게 정보를 입수하고, 풍부한 정보 안에서 나름대로 균형을 잡아간다.

워라밸(Work and Life Balance)을 실천하는 신세대

직업에 귀천이 없다고 말하면서도 우리는 오랫동안 정신적 노동과 육체적 노동으로, 화이트칼라와 블루칼라로 계층을 나누어왔다. 어렵고, 위험하고, 더러운 직업을 3D 직업으로 인식하며 은연중 직업의 수준을 구분하기도 했다. 솔직히 말하자면 '직업에는 귀천이 있고, 직업을 가진 사람에는 귀천이 없다'는 것을 배우고 가르쳤어야 했다. 어른들이 강요하는 직업 추천 1순위는 '사'자로 끝나는 직업이다. 이것은 20세기까지만 통용되는 기준이라고 생각했는데, 우리 사회는 아직도 '양질의 일자리'라는 말을 쓴다. 노동에 등급을 매기는 행위는 부끄러운 것이다.

90년대생들은 자사고 등장과 대학 입시제도 변화로 이중고를 겪은 세대다. 광풍과도 같은 사교육 시장의 최대 소비자였고, 학생부종합전형 도입으로 '스펙 경쟁'에다 논술과 면접까지 특별 사교육을 받을 정도였다. 부모 소득이나 학력 따라 어떤 '계층 버스'에 올라탈지가 결정된다고 해도 과언이 아닐 정도로 사교육 기회 격차는 벌어졌다. 오죽했으면 '개천에서는 절대 용이 나지 않는다', '할아버지의 재력과 아빠의 무관심, 엄마의 정보력 없이는 안 된다'라는 말들이 생겼을까? 90년대생들은 고된 학업과 심한 차별화 속에서 성장했으나 다행히도 민주화가 적당히 뿌리내린 교실에서 인권교육을 받은 첫 세대이기도 하다. 그래서인지 부정과 불공정에 대해 거침없이 발언하고, 부모의 전형적인 희망과는 달리 직업에 대한 가치관의 변화도 나타났다. 불확실성을 피해 안전지대로 진입하기 위한 '공시족'이 늘고 있었고, 대기업에 입사하더라도 업무량이 적은 계열사에 지원하기도 한다. 공유 오피스처럼 새롭고 자유로운 환경의 업무공간을 선호하기도 한다. 규모가 작고 연봉이 조금 약하더라도 칼퇴근이 보장되는 정규직으로 이직하기도 한다. 종신직장 개념은 이미 사라졌고, 평생직장으로 생각하지 않으므로 직장 내 소속감이나 충성심, 신뢰감 등을 별로 중요하지 않게 생각한다. 승진을 위해 삶을 희생하지 않으며, 여가생활을 포기하지 않는다. 적성에 맞지 않아도 직장을 그만두지 않는 이유는 그저 '돈벌이 수단'일 뿐이기 때문이다. 하고 싶은 일을 하게 해줬다는 구실로 청년 구직자에게 보수를 제대로 지급하지 않는 '열정페이'는 거부한다. 그들이 원하는 건 진정한 워라밸이다.

4. 유능한 실용주의자의 탄생

80%대의 대학진학률

현재 우리나라의 대학진학률은 70% 내외로 10년째 OECD 1위를 차지하고 있다. 2019년 일본의 대학진학률은 55% 안팎이었다. 우리나라 90년대생들은 84%(2008년)가 대학에 진학했다. 최고의 대학진학률을 가진 한국사회, 그중에서도 유독 대학진학률이 높았던 것은 90년대에 태어난 이들이다. 대학진학률은 객관적인 '교육 선진지표'인데 우리는 이것을 긍정적으로 해석하지 않고 늘 문제점만을 지적한다. 대졸 이상의 고학력자들이 대기업과 같은 양질의 일자리만을 선호하고 있어 고용률이 하락하고, 실업률이 큰 폭으로 상승하고 있다고 젊은이들을 탓하기 일쑤다. 실업률 상승 원인으로는 인구요인과 경기 변동요인이 더 크다. 베이비붐 세대의 자녀인 90년대생이 경제활동을 시작하는 시기는 2010~2020년으로 세계적으로 저성장 기간이 길어지고 있다는 점을 고려해야 한다.

미국 전 대통령 오바마는 두 가지 측면에서 한국을 부러워했다. 의료보험 가입률과 대학진학률이다. 오바마는 글로벌 경쟁력을 키우기 위해 노력하는 한국교육의 가치를 높게 평가했다. 한국 국민의 높은 교육수준은 사회발전과 관련이 있다고 강조하면서 한국교육의 팬이 되었다. 아마도 한국인의 교육열을 부러워한 것이지 교육방향까지 칭찬한 것은 아닐 것이다. 어쨌든 대학은 아주 중요한 기능을 하는 곳이다. 요즘 들어 대학이란 존재가 취업을 위한 직업인 양성소로 전락한 느낌이 들기는 하지만 문제 해결 능력 배양과 의사소통 능력 함양을 목표로 최고의 사회화 교육과정 이 이루어지고 있는 곳이다. 교양과 전공과목을 배울 뿐만 아니라 다양한 활동을 통해 정보를 교류한다. 많은 대졸자를 배출한다는 것은 결코 사회 적 문제가 아니다. 오히려 선진국에서 부러워할 정도로 훌륭한 인적자원 을 보유하고 있는 것으로 인식해야 한다. 오바마 전 대통령의 부인 미셸 오 바마는 저소득층 학생들의 대학진학률을 높이기 위한 '리치 하이어(Reach Higher) 캠페인'을 벌이면서 연신 "대학 가세요"를 외치고 있다. 오바마 부 부는 왜 그토록 교육에 열정을 보일까? 그들이 교육을 강조하는 것은 많이 배운 그룹과 그렇지 못한 그룹의 차이를 알고 있기 때문일 것이다.

대학진학률이 높다는 것은 우리 사회가 고급정보를 공유하는 정도가 가 장 높은 집단이라는 것을 의미한다. 코로나19 방역 과정에서 청년들은 자 신이 가진 지식과 정보를 공유하는 데 기꺼이 앞장섰다. 정부보다도 먼저 감염증 확진자의 동선을 한눈에 알아볼 수 있는 온라인지도 '코로나 맵'을 제작하여 보급했다. 시민들이 알고 싶은 것이 무엇인지, 막연한 공포 속에 있는 국민과 소통하는 방법이 무엇인지를 직관적으로 알아냈다. 공익을 목적으로 지도를 제작했으니 서버 비용도 사비로 부담하겠다는 공유철학 은 기성세대를 놀라게 했고 전 국민에게 감동을 주었다. 기성세대가 접근 조차 하지 못하고 있는 문제의 해답을 청년층이 알 수 있다는 점을 간과하면 안 된다. 아직도 기존의 지식체계, 산업체계 안에 억지로 이들을 구겨 넣으려고 하지 않은지 반성도 해야 한다. 그나마 기성세대가 할 일이 남았다면 아이들의 새로운 항해가 삐거덕거리거나 중간에 좌초하지 않도록 돕는 일이다.

IT로 무장한 세대

우리는 '누가 제4차 산업혁명을 주도할 것인가'에 대한 자문에 국가 대 국가 경쟁력만을 얘기한다. 예측 가능한 답변들 일색이다. 청년들은 단순한 기술력 문제가 아니라고 보고 있다. 4차 산업혁명이 인류에게 어떤 의미가 있는지를 먼저 진지하게 성찰하는 것이 중요한 문제라고 얘기한다. 기성세대들이 경쟁구도를 얘기하며 두려워하는 동안에 청년들은 철학적으로 접근하고 있다. 청년들은 4차 산업혁명의 핵심기술에 대한 이해와 기술사용에 대해 어느 정도는 자신감이 있기 때문에 그 수준을 넘어서서 인간과의 상호작용을 생각하는 것이다. 4차 산업혁명은 '데이터혁명'이라고도 한다. 데이터를 청년세대만큼 잘 이해하고 활용하는 집단은 없다. 일본은 한국의 IT 청년들을 모셔가는 수준이다.

한국은 'IT의 나라'로 통한다. 우리 젊은이들은 IT로 무장한 세대다. 그러나 차세대 신기술이 중요하다고 외치면서 발목을 잡는 것들이 있다. 정부의 정보공유 규제, 경직된 대학 학제, 경직된 노동시간 정책 등은 인재 육성과 활용을 어렵게 한다. 'IT 코리아'의 위상을 흔들고 있는 주범들이다. 외국 전문가들은 한국기업이 4차 산업혁명 기술을 제대로 활용하지 못하는 이유에 대해 말했는데 의외로 인재 부족을 지적했다. IT로 무장한 젊은 세대가 수두룩한데도 이들이 성장할 수 있는 조건을 만들어주지 않는다는 것이다. 밤을 새워가며 일하고 싶은 열정과 밤을 새워서라도 해야 하는 과제를 막고 있다. 소를 잡을 수 있는 칼을 가지고 있는데 닭만 잡으라고 하는 건 아닌지, 반성이 필요하다.

문화산업 최대 생산자이자 소비자

문화와 예술을 생산하여 상품화하고, 시장에서 거래하는 것을 문화산업이라고 한다. 우리나라는 기존 문화산업에 '디지털 문화콘텐츠'라는 개념을 삽입하여 함께 사용하고 있다. 1999년 정부는 문화산업진흥 5개년 계획을 발표하면서 문화산업의 기본인프라 구축, 기술개발 및 전문인력 양성, 제도 정비와 재원 확보, 그리고 창업 촉진 및 판로 개척사업 등을 추진하여 급속한 양적 성장을 이뤄냈다. 한국 문화산업 시장은 꾸준히 성장했으며, 한국문화의 정수(essence)를 세계적인 대중문화 상품으로 기획하고 보급하는 데 성공했다. 정부의 정책이 주효하긴 했으나, 문화시장 확대가 가능했던 배경을 이해하는 것이 더 중요하다고 본다.

아이러니하게도 한국 사교육 시장이 그 배경이라 할 수 있다. 80년대 초부터 음악, 미술학원을 중심으로 사교육 시장이 급속하게 확장되었다. 경제적으로 형편이 나아지면서 예체능 교육에 투자하기 시작한 것이다. 아이의 개성을 파악하고 특기를 살려주자는 목적 아래 부모세대가 경험해보지 못한 예체능 분야를 아이에게 가르치면서 대리만족을 느끼기도 했다. 그 시절부터 예술은 특권층만 누릴 수 있는 제한된 분야가 아니었다. 부모의 선택은 자발적이었으나 태권도, 무용, 축구, 수영 등도 인기가 높아지면서 아이들은 늘 지쳐서 집에 돌아오곤 했다.

그 후, 우리나라 문화시장에 큰 변화가 일어났다. 그 아이들이 성년이 될 무렵부터 공연예술시장이 뜨거워졌다. 학자들은 개인의 물질적 풍요와 여가 확대를 원인으로 꼽고 있다. 그런 분석은 부분적이다. 생산자 그룹과 소비자 그룹이 형성된 배경과 시기도 살펴봐야 한다. 진정한 생산자, 소비자는 누구인가? 사교육 시장의 고객이었던 90년대생이다. 그들은 피아노학원에서 청음과 화성을 배웠고, 미술학원에서 색의 조화와 디자인을 배웠으며, 무용학원에서 리듬과 춤사위를 배웠다. 이들이 자라서 음악성을 겸비한 대한민국 아이돌 그룹이 되었고, '팬덤문화'와 '입덕문화'를 만들어냈다. 한국 젊은이들의 성숙한 팬덤문화는 국제적으로도 널리 알려진 상태이며, BTS의 성공도 이와 무관하지 않다. 그 세대가 바로 현재 우리 대중문화산업을 굳건히 받치고 있는 기둥이다.

브랜드가 아니라 경험을 중시하는 세대

우리는 치열한 경쟁과 정보 홍수, 브랜드 마케팅이 지배하는 시대에 살고 있다. 의류나 화장품뿐만 아니라 음식 프랜차이즈 업계도 브랜드 물결에 휩싸였다. 그러다 보니 이성적이고 합리적인 선택을 하기보다는 무의식적이고 습관적으로 의사결정을 하는 경우가 많아졌다. 품질, 디자인, 스토리 가치보다 브랜드 마케팅의 힘이 더 강력하게 소비자를 자극하고 있기 때문이다. '브랜드가 없는 제품'이라는 의미로 '노브랜드(No Brand)'를 브랜드 이름으로 사용하여 대박 난 유통업체도 있는 걸 보면 노브랜드 마니아 역시 브랜드 마니아가 아닐까.

우리나라의 경우는 70년대생부터 브랜드에 익숙해졌다. 청소년기에 죠다쉬나 리바이스, 서지오바렌테, 리 등의 청바지 브랜드와 나이키, 아디다스, 프로스펙스, 아식스 등의 스포츠 브랜드에 높은 관심과 충성도를 보였다. 이런 브랜드는 워낙 비싸서 아이템 하나만 소유할 수 있으면 뿌듯할 정도였다. 당시 지갑이 얇았던 부모들은 고급 브랜드를 사줄 만한 여력이 없었고, 청소년들은 뱅뱅, 에드윈, 브렌따노 등의 비교적 경제적인 브랜드를 하나 얻는 만으로도 만족스러웠다. 브랜드 짝퉁들이 대거 등장한 것도 이때다. 이들이 자라서 부모가 되었을 때, 자신들의 아이에게는 유아기 때부터 유명 브랜드를 입히고 먹였다. 아가방, 압소바, 해피랜드 등의 의류와 프리미엄 이유식 브랜드 거버 등이 인기였다. 이 아이들이 바로 90년대생이다.

90년대생들이 소비의 한 축을 이루는 청소년기가 되었을 때, 브랜드 집착 현상은 또 다른 유행의 물결을 만들었다. 이른바 복고풍이다. 유행은 돌고 도는 것이라는 말이 딱 맞아떨어진 시기다. 2000년대 복고 열풍은 패션 감각이 부족한 '아재'들이 입는 브랜드, 옛날 유행 메이커, 고루한 이미지 등을 재해석한 형태로 나타났다. 아이돌 그룹을 중심으로 부츠컷(나팔바지), 링 귀걸이, 코트화(테니스 신발), 야구점퍼 등이 인기 품목으로 자리잡았다. 90년대생들의 정서는 부모세대의 문화와 정서를 고스란히 흡입하면서 복고문화의 생산자와 소비자로서 역할을 했다.

스마트폰이 대중화하면서 다시 큰 변화가 나타났다. 온라인 쇼핑몰은 물론, 모바일 애플리케이션, 소셜 미디어 등을 적극적으로 활용하게 되면서 개별 제품의 브랜드에 집착하는 정도가 약해진 것이다. 일상생활에서 가장 많이 이용하는 콘텐츠인 실시간방송, 동영상, 음악을 스마트폰으로 즐기게 되었다. 요즘 그들은 스마트폰의 가장 큰 기능으로 영상녹화 기능을 꼽는다. 그 기능은 큰 변화를 가져왔다. '무엇을 샀느냐' 보다 '어디에 가서 무엇을 했느냐'가 더 큰 의미를 부여했다. 소유보다는 경험을 비교하는 세대다. 예전 같으면 수단이 부족했기 때문에 경험을 비교하거나 공유하는 일이 쉽지 않았다. 사진을 인화해서 보여주거나 기념품이라도 나누면서 얘기했다. 하지만 지금은 자신의 현장경험을 실시간으로 공유하는 도구가 있다. 영상기능이 진화하고, 정보 공유가 많아질수록 문화체험 자체가 비교우위를 결정하게 된 것이다.

우리나라는 중산층을 분류할 때 부동산이나 현금 보유, 즉 경제적 요소를 기준으로 삼고 있다. 부채 없는 30평 이상의 아파트, 중형차, 월급여, 통장예금 잔고, 해외여행 여부 등이다. 국가별로 기준은 다르나 유럽의 경우

대부분 경제뿐만 아니라 교육수준이나 문화수준 등 비경제적인 요소까지 아우르고 있다. 페어플레이, 뚜렷한 자기주장, 사회적 약자 배려, 부정과 불법 저항정신, 외국어 능력, 취미 여부 등이 기준이다. 정기적으로 비평지를 구독해야 한다거나 손님에게 대접할 요리를 한 가지 이상 스스로 할 수 있어야 한다는 등의 재미있는 기준도 있다. 한국사회가 소유를 중심으로 중산층을 분류하는 반면, 서구사회는 역할과 활동을 중심으로 분류하고 있다. 한국의 중산층이 무너지고 있다는 보도를 접할 때마다 '중산층의 위기'에 대해 다시 생각하게 된다. 흔히들 중산층이 많아야 한다고 강조하면서 중산층이 중요한 이유를 '소비의 핵심 계층'으로만 설명한다. 소유물은 인간의 역할과 활동을 지원하는 데 필요한 도구일 뿐인데도 우리는 아직도 물질이 부족했던 시대의 기준에서 벗어나지 못하고 있다.

경험을 공유하고 비교하는 삶을 사는 세대, 90년대생의 사회진출은 중산층의 기준을 바꾸는 기회가 되고 있다. 한국사회가 중진국 수준의 '물질 소유형 중산층 모형'에서 벗어나 선진국 수준의 '활동형 중산층 모형'으로 변화하고 있는 좋은 신호라고 본다. 기성세대는 성공의 기회를 잡기 위해 해외에 갔고, 일생 소원이 세계일주였다. 청년세대는 경험을 쌓기 위해 해외에 가고, 지구 전체를 여행지로 삼아 언제든지 떠날 수 있는 첫 번째 세대다. 그들은 이미 선진국형 인간이다.

5. 청년! 그들을 위해 할 수 있는 일은?

위험한 청년창업 그리고 청년기본법

앞글에서는 청년세대가 글로벌시장에 진출하는 데에 가장 적합한 그룹이며, 어느 세대보다도 철저하게 준비된 그룹이라는 것을 얘기했다. 이제 청년세대에게 맞는 정책은 무엇인가에 대해 고민해 보고자 한다. 지금까지 기성세대들은 자신이 살아왔던 20세기 기준에 아이들을 맞추려고 했고, 그 기준에서 벗어나면 틀렸다고 평가했다. 취업난을 걱정해주면서 한편으로는 청년들의 눈높이가 높아서 '미스매칭'이 생긴다고 책임을 전가하기도 했다. 과연 청년들의 탓으로만 몰아붙일 수 있을까? 미스매칭 현상은 두 가지로 분류할 수 있다. 첫째는 구직자가 원하는 임금수준과 기업이 실제 지불할 수 있는 임금수준이 맞지 않아 생기는 미스매치다. 둘째는 구직자의 전공이 취업을 희망하는 직업이나 업무와 잘 맞아떨어지지 않아서 생기는 미스매치다. 이게 어떻게 청년들을 탓하는 이유가 되는지 모르겠다.

60년대생들은 고도성장의 시대를 살았다. 취업경쟁률이 낮은 시대였다. 그래서인지 저성장시대에 살면서 높은 취업경쟁률에 시달리고 있는 현재의 청년들에 대해 진지하게 고민하지 못한다. 국가의 정책을 책임지고 있는 상당수는 그저 자신의 자녀만 경쟁에서 살아남도록 잘 지도할 뿐이다. 입시와 취업, 병역문제까지도 20세기 방식으로 해결하려고 하니까 청년세대가 분노하는 것이다. 둘은 어떻게 다른가? 20세기 과거 집착형 인간은 기존 제도를 방어·확장하는 데에 급급하고, 규모와 효율성 경쟁을 통해 문제를 해결하려고 든다. 20세기형 기성세대가 기존의 틀에 따라 지시하고 명령하는 동안 21세기 사고형 인간은 지금까지 존재하지 않던 새로운 가치를 창출해서 새로운 제도를 만들어나간다. 20세기형은 특정 산업에서 경쟁우위를 추구하지만, 21세기형은 다양한 산업을 연결해서 상호 보완적인 생태계를 만들어 간다. 산업 간 경쟁이 아니라 생태계 간의 대결로 이끌어 가는 것이다. 이런 차이가 있으므로 21세기 청년들에게는 21세기형 제도와 정책이 필요하다.

　비교적 앞서 나가고 있다는 기업도 완전히 전환하지 못하고 있고, 대학이나 정부 부처의 '청년창업' 관련 정책도 여전히 20세기 방식을 답습하고 있을 뿐이다. 정말 청년창업이나 청년취업에 관심이 있는 것인지 반문하고 싶을 정도다. 얼마 되지 않는 예산으로 청년들을 줄 세우는 일이 매년 반복되고 있다. 몇 명이 지원했느냐가 목표이고 실적이 되는 성과 위주 정책이 대부분이다. 정권이 바뀌어도 본질적인 변화는 없었다. 정부와 대학이 청년창업으로 벤처 및 IT 분야 창업을 강조하고 있으나 현장을 들여다보면 서비스업이나 음식업이 대부분이다. 현재 우리나라는 중소기업과 자영업 모두 아주 영세하다. 세금을 내지 못할 정도로 사업이 부진한 경우가 수두룩하다 보니 사업 지속률이 저조하다. 이런 어려운 상황임에도 불구하고 정부가 나서서 청년창업을 부추기는 것이 바람직한지 의문이 든다. 첫 경험을 해보라고 마련해준 무대가 위험천만하기 이를 데 없다.

청년들은 미래의 주역이 아니라 현재의 주인공이라 했던가? 사회적 주체로 참여시키겠다 했던가? 과연 그 청년은 어디에 있는가? 각종 선거전에 잠깐씩 등장했다가 사라진다. 표심을 자극하기 위한 선심성 공약들처럼 나왔다가 사라질 뿐이다. 정부의 청년정책은 어떤가? 정부는 청년대책을 발표하면서 미취업 청년들에게 40여 개 프로그램을 제공하고 있다. 국회는 2020년 1월 '청년기본법'을 제정하고, 국무총리를 정부 청년정책 컨트롤 타워로 정해 5년마다 '청년정책 기본계획'을 수립하도록 했다. 이렇게 청년정책 제도화의 첫발을 내디딘 만큼 청년 욕구에 부합한 정책이 마련될 것 같다는 기대를 품게 되었다. 그러나 한편에서는 청년의 상황을 제대로 반영할 수 있을지 염려를 한다. 기존의 정책들이 청년 노동시장의 특성이나 청년들이 중요하게 여기는 삶의 조건을 간과했기 때문이다. 수많은 국책연구기관 보고서들이 나왔고, 정부와 지방까지 합치면 1천 7백여 개의 청년정책이 있다. 이런 노력이 왜 청년들에게 외면받고 있는지 알아야 한다. 이름만 청년정책이지 청년이 실감하지 못하기 때문이다.

미래뿐 아니라 현재도 주어라

청년문제를 해결하기 위해서는 '청년'만 바라봐서는 답이 안 나온다. 청년의 현재 위치, 그들이 희망하는 목표가 무엇인지 정확하게 알아야 한다.

위에서 바라보지 않고, 어깨를 나란히 했을 때라야 보이는 것들이 있다. 또 그들이 어떤 사회를 바라는지 알아야 함께 갈 수 있다. 우리는 최근에 입시 부정과 부정취업, 입대 기피 등에 분노하며, 공정하고 깨끗한 사회를 주장하는 젊은이들을 목격했다. 기성세대에게 작용했던 혈연, 학연, 지연 등의 백그라운드를 청년세대는 용납하지 않는다. 청년세대의 현재 위치 파악을 통해 기성세대가 준비해야 하는 제도는 무엇인가 살펴보기로 하자.

첫째, 삶의 비용을 줄여주자. 청년세대는 아르바이트 등을 통해 납세의 의무를 가장 빨리 실천하고, 90% 이상의 현역 판정률로 대부분이 국방의 의무를 마친다. 대한민국 국민으로서 중요한 의무를 실천하고 있다. 하지만 삶의 비용을 감당하기가 버겁다. 대학생일 경우 가장 큰 비중을 차지하는 것은 학비다. 등록금을 마련하기 위해 65% 이상 아르바이트를 한다. 등록금을 마련하지 못할 경우 휴학하거나 군대에 가기도 한다. 우리나라 등록금은 미국에 이어 세계 2위 수준이다. 처음 반값등록금 이야기가 나온 후 15년 동안 정치권은 선거철만 되면 반값등록금을 공약으로 내놓았다. 어떤 방식으로든 등록금을 내려야 한다는 의견에는 대부분 동의하고 있는 것으로 보인다. 각계의 입장이 서로 다르고, 대학에 가는 것은 개인 선택의 문제이기 때문에 국가 세금으로 부담하는 것이 부적절하다는 의견도 있다. 그러나 여론조사 결과 국민 90%가 반값등록금 정책에 찬성하고 있다는 결과가 나왔다. 어떻게든 이제는 반값등록금 제도를 마련해야 한다. 다른 예산을 줄여서라도 실질적 학습 기회균등이 이루어질 수 있도록 장학

제도를 대폭 확충해야 한다.

둘째, 사회에 나갈 준비 기간을 줄여주자. 예를 들어 병역의무 기간만큼 사회진출 시기가 지체되는데, 의무복무기간을 더 줄이지 못한다면 학점으로 보상하는 방안을 찾아보자는 것이다. 평등은 인류가 오랫동안 고민해오고 있는 주제. 특히 인간의 비교본능, 경쟁본능은 공평성에 매우 민감하게 반응한다. 경쟁이 치열할수록 시간은 큰 재산이 된다. 따라서 병역의무 이행 기간 20개월에 대해서는 적절한 보상이 뒤따라야 마땅하다. 황금같은 청년기의 입대 기간을 '국방학점'으로 보상하면 어떨까? 실제로 군대에서 체육, 공동체훈련, 정훈교육 등의 교육이 이뤄지고 있으니 이를 교양학점으로 인정하는 제도가 있다면 불평등의 문제를 어느 정도 완화할 수 있다. 또 일과 후 시간을 활용하여 대학교육을 이어갈 수 있도록 온라인시스템을 갖춘다면 군복무로 인한 학업 중단과 심리적 환경변화에 대한 두려움 등을 줄일 수 있다. 전문영역에 근무하는 병사들이 전공학점을 획득할 수 있도록 기회를 마련하는 것도 한 가지 방법이다.

셋째는 정치적 기회를 보장하자. 최근 선거법개정으로 선거연령이 18세로 낮아져 이제는 일부 고교 3년생도 선거권을 가지게 되었다. 선거권은 있으나 피선거권이 없으므로 18세의 권리는 아주 제한적이다. 정치권에서는 아직도 젊은이들을 정치의 생산자가 아니라 소비자로만 인식하고 있다. 정치전략의 액세서리로, 홍보전위대로 어떻게든 활용해보려고 할 뿐이지 주인공으로 생각하지는 않는다. 청년에게 온전한 기회를 주려면 피선거권도 낮춰야 한다. 현행 공직선거법상 대통령의 피선거권은 40세 이상이고, 국회의원은 25세 이상이다. 이 기준(국회의원선거법)은 1948년 이후 70년이 넘도록 지속하고 있다. 취업하여 세금을 내고, 군복무를 마치고, 선거권을 지녔음에도 왜 국회의원과 지방의원 선거에 출마할 수 없는가?

스웨덴에서는 만 19세의 국회의원이 나왔고, 독일 역시 만 19세의 독일연방의회 의원이 나왔다. 우리나라에서 피선거연령이 선거연령보다 더 높게 책정한 이유를 납득하기 어렵다. 국민을 대표해 국가운영에 관여하려면 일정 수준의 지적·정치적 성숙도가 필요하다는 것이 이유인데, 과연 정치적 성숙도를 나이 제한으로 확보할 수 있을지 의문이 든다. 피선거권자격기준을 낮추자는 얘기는 단순히 참여 기회를 넓히자는 것이 아니다. 젊은이에게 권리를 부여함과 동시에 열정적인 젊은 에너지를 우리 사회가 보유하자는 의미다. 피선거권이 주어졌다고 해서 아무나 국회의원이나 지방의원이 되는 것은 아니다. 당의 공천을 받기 위해 경선에 참여해야 하고, 경선에 통과하면 다시 시민들의 선택을 받아야 정치에 참여할 수 있다. 그 과정에서 정치적 성숙도를 인정받으면 되는데 굳이 처음부터 나이 장벽을 칠 필요가 있을까? 우리나라에서도 10대 국회의원, 10대 지방의원이 선출되는 날을 기대해본다.

공직선거법에 있는 '출마자들이 동수의 표를 얻는 경우 연장자를 당선인으로 한다'라는 규정도 차별을 부추기고 있다. 법에서 연장자 우선원

칙이라니! 이 부분의 법개정이 이루어지지 않는다면 청년세대들이 직접 헌법소원에 착수하게 될지도 모른다. 기회균등의 원칙에 어긋나기 때문이다.

넷째, 실험환경을 보장해주자. 청년세대가 경제적 실험을 할 수 있는 환경을 보장해주자는 것이다. 현재 저성장기에서 벗어나지 못하고 있는 한국경제는 중화학공업과 제조업의 침체기에 접어들었다. 철강, 석유화학, 자동차산업은 재고율이 높아지고 있고, 제조업 시장은 줄어들고 있다. 그리고 많은 기업이 해외이전을 준비하고 있는 것도 사실이다. 특히 스마트폰이 기존의 서비스업을 대신하는 시대가 되면서 여러 분야가 위축되었다. 부동산 정보를 제공하는 앱이 개발되면서 오프라인 부동산 중개업은 위축되듯이. 이제 기존 산업체계만으로는 한국경제를 이끌어갈 수도 없고, 고용도 창출하기 어렵게 되었다. 기적과도 같았던 한국경제 70년이 흔들리고 있다. 선진국의 기술을 배워서 당당히 그들과 어깨를 나란히 했던 한국, 배우고 익혀서 최고를 만들던 '실습의 시대'가 저물어 가고 있다. 이렇게 시대가 변하고 상황이 변하고 있는데 정부의 산업체 지원제도는 기존의 방식 그대로다. 이제는 새로운 산업, 새로운 기업, 새로운 직업, 새로운 서비스가 필요한 시점이다. 이런 것들을 누가 만들 수 있을까? 기존의 기업과 기존의 방식으로는 불가능하기에 새로운 실험, 새로운 실험자가 필요하다.

미국에는 3만 개, 일본에는 2만 개, 한국에는 1만 개의 직업이 있다

(2011년 기준)고 한다. 산업이 발달할수록 직업의 수가 증가한다는 것을 알 수 있다. 우리나라 직업 분류를 더 전문화하고 세분화할 필요가 있다. 예를 들면 관광안내사의 경우 선진국에서는 산악 전문 관광가이드, 생태 전문 관광 가이드 등으로 다양하게 분류하고 어엿한 직업으로 대우한다. 또 새로운 분야에 도전하여 새로운 직업을 만들어내는 청년들이 있다면 이들에게 투자해야 한다. 창업 관련 사업은 기존의 기업과 경쟁하는 형태가 되어서는 안 되고, 새로운 창업과 직업을 생산하는 청년들에게 집중해야 한다.

다섯째, 젊은 창업자에게 적정한 사회적 지위를 부여하자. 국내 창업기업 생존율은 30%가 안 된다. 국내에서 창업한 기업들이 5년 이내에 10곳 중 7곳은 폐업(중소벤처기업부, 2018)하고 있는 것으로 나타났다. OECD 주요국의 5년차 생존율 평균 40%보다 낮은 편이지만 결코 두려워할 일만은 아니다. 벤처생태계에 대한 평가는 '어떻게 해서 성공하고 살아남았다'가 아니라, '새로운 실험을 하여 실패했지만 새로운 경험을 축적하였다'로 바꾸어야 한다. 젊은 창업자들은 한국의 미래를 이끌 산업탐험가다. 이들의 경험은 '실패가 아니라 미래 성공을 위한 디딤돌 경험' 즉 '현재의 시장과는 거리가 있으나 미래의 상품'일 가능성도 있기 때문이다. 그러므로 창업자와 청년기업가는 고용창출을 시도하는 산업모험가로 대우해야 한다.

또 여기저기 흩어져 있는 자금들을 모아 신속하게 청년들의 창직(創職) 및 창업에 집중적으로 투여해야 한다. 그들의 모험이 우리 사회의 새로운 고용을 창출한다는 관점에서 청년창업을 바라볼 필요가 있다. 가능하다면 사업 의욕 및 지식재산권을 담보로 실험지원금을 지급하도록 하는 방안을 검토해야 한다. 이를 '청년산업탐험 지원제도'라 부르자. 그들은 기성세대와는 달리 두려움이 없고, 과감한 도전이 가능한 세대다. 반면에 인구통계를 보면 우리가 짊어진 짐보다 더 무거운 짐을 지고 있다. 지금 우리보다 몇 배나 많은 노인의 노후를 떠안아야 한다. 이들이 새로운 세상과 새로운 부를 만들지 못하면 기성세대의 노후는 불안할 수밖에 없다. '해외 청년창업 기본지원금제도' 같은 의미를 지닌 새로운 창업지원 제도도 검토할 만하다. 이제 중동지역에 기술자나 간호사를 보내는 형태의 취업지원제도는 적합하지 않다. 기능형 취업제도가 위력을 발휘했던 시대는 이미 지나갔다. 이제 750만 재외동포들의 기업을 활용하여, 대대적인 〈재외동포기업인턴〉제도와 같은 해외 취업 지원제도를 시도해보자. 기성세대가 상상하지 못하는 새로운 도전, 새로운 시장개척은 청년들을 통해서만 가능해질 것이기 때문이다.

청년의 삶에 다가가는 정책을 만들기 위해서는 몇 가지 과제가 더 남아 있다. 청년정책은 청년 당사자들이 정책의 발굴·제안·결정 과정에 직접 참여하고, 이에 대한 예산 편성과 집행까지 설계할 수 있도록 정책과정을 혁신적으로 바꿔야 한다. 참고할 만한 제도는 유럽연합(EU)에서 2013년부터 권고한 '청년보장제도(youth guarantee)'가 있다. 청년보장제도는 청년의 삶과 여정에 초점을 둔 포괄적이고 총체적인 정책이다. 청년보장제도의 목적은 25세 미만의 청년들이 실직했을 경우 또는 정규교육을 마친 시점으로부터 일정 시기 이내에 지속적인 교육, 견습, 훈련을 통해 고용 기회를 제공하는 것이다. 국가가 실업 상태의 청년들에게 일정 기간 내에 일이나 훈련 기회를 보장하겠다고 선언하는 매우 강력한 조치이다.

국민의 의무에서 국가의 의무로

모두 10개 장으로 구성된 우리 헌법에는 1장 '총강' 뒤를 이어 2장에는 '국민의 권리와 의무'가 나온다. 국민의 4대 의무를 권리조항에 넣은 것은 매우 특이한 사례다. 그렇다면 국가에는 어떤 의무가 있는가? 우리나라는 헌법에서 국민의 생명과 재산을 지키고, 행복을 보장하며, 피해를 입은 국민을 보호하고 구조해야 하는 것을 국가의 책임과 의무라고 명시하고 있다. 국민에게는 국방, 납세, 교육, 근로의 4대 의무를 구체적으로 밝히고 있는 반면에 국가의 의무는 추상적이고 포괄적이다. 국민의 의무처럼 국가의 의무도 구체적으로 규정해야 한다고 본다.

다른 예를 보자. 헌법에서는 거주 이전, 직업 선택에 관한 것 등을 국민의 자유권이라 한다. '모든 국민은 거주·이전의 자유를 가진다'라는 헌법 14조 조항은 요즘 시대에 적합하지 않다. 이동이 자유롭지 못했던 19세기 후반에는 의미가 있었으나, 이제는 국가가 국민의 거주를 보장하는 의무가 필요하다. 직업선택의 자유 역시 마찬가지다. 직업선택의 자유는 직업이 고정되어 있던 중세사회에서 국민국가로 이동할 때 국민에게 부여한

▌청년 기회보장 제도

자유다. 이제는 국가가 고용을 창출할 의무가 있다는 의미로 바뀌어야 한다. 현재 정부의 고용정책은 청년을 주인공으로 삼지 않고 있다. 일자리가 없는 원인을 찾으려고 하지 않은 채 일자리를 만들려고 하다 보니 자꾸 무리수를 두게 되는 것이다. 청년들이 취업하지 못하는 이유는 기존 업종에서는 마땅한 일자리를 찾을 수가 없기 때문이다. 그러므로 새로운 산업이 만들어져야 새로운 일자리가 생긴다. 국가는 새로운 업종을 만드는 일에

매진해야 한다. 그리고 새로운 업종을 만들어 내는 사람이나 기업에 대해
특별지원을 아끼지 않아야 한다. 이 또한 국가의 역할이므로 국가의 의무
로 지정해야 마땅하다.

6. 청년의 함성, 분노 그리고 행동

독립적인 정치집단이 필요하다

한국은 청년을 흡수하지 않으면 성장도 발전도 기대하기 어렵게 되었다. 경제뿐 아니라 사회·정치적으로도 그렇다. 자신의 경험을 최상의 가치라고 여기는 기성세대는 '새로운 생각하기'를 멈춰버린 리더 그룹이다. 멈춘 것만이 아니라 리더의 중요 덕목인 판단력도 균형을 잃어버렸다. 그렇다면 적극적으로 정치를 선도해 나갈 리더로 바꿔야 하지 않겠는가? 우리 국회는 '청년 대표성'이 낮다는 지적을 자주 받으면서도 좀처럼 개선하지 못하고 있다. 청년 대표성이란 의회를 구성하고 있는 의원의 연령층이 그 나라의 인구구조와 얼마나 유사한지를 나타내는 것으로, 과연 의회가 실질적으로 국민을 대표하고 있는지 측정하는 척도로 사용된다. 선진국과 비교했을 때 청년 대표성이 현저하게 낮다 보니 청년층이 각각의 정당에서 제 목소리를 내기 어렵고, 정당의 액세서리 역할에 그칠 때가 많다. 국가정책은 물론이고 청년정책마저 주도하지 못하는 국회의원, 시혜적 차원에서 국회의원이 된 듯 당이 어려울 때마다 맨 앞에서 홍위병 노릇이나 하고 있으니 안타깝기 그지없다. 청년을 표방한 정당이 있기는 하지만 특정 목적에 치우친 활동을 하고 있을 뿐 청년들의 문제를 종합적으로 개선하기 위한 활동은 많지 않다. 결코 청년을 위한, 청년에 의한 국가를 꿈꾸는 독립적인 정치집단은 아니다. 그래서 예를 들어 〈청년의 함성〉과 같은 당명을 가진 청년정당이 탄생하면 좋겠다.

앞서가는 정당 시스템을 만들자

청년당은 AI 공천시스템과 같은 새로운 정치시스템을 도입하여 선도해야 한다. 인적네트워크에 의해 왜곡된 선배정치인들에게 '공정한 공천시스템'이 무엇인가를 보여주자. 먼저 AI가 적정 배수의 후보를 골라내고, 마지막에는 경연대회와 추첨을 통해서 당원들이 선발하면 된다. 이미 자격을 갖춘 자들이 후보자로 올라오기 때문에 어떤 공적인 역할을 맡게 된다 하더라도 할 수 있는 능력이 있는 사람들이다. '올 오어 낫씽(All or Nothing)' 게임이 되지 않도록 충분한 인재를 확보하고 필요한 자리에 배치하면 된다. 능력자 선발대회가 아니라 봉사하는 자리라는 것을 잊지 말자. 이렇게 하면 새로운 인재관리시스템이 만들어지는 것이다. AI 공천시스템을 만들어 특허등록을 하여 세계 선거시장에 상품으로 내놓아도 좋을 것 같다. 새로운 정치시장에 맞는 시스템기술을 세계에 판매하는 것은 물론이고, 전 세계 정치시장에 '공정한 선거'를 선도한다는 점에서 의의가 클 것이다.

새로운 선거제도를 만들자

'장유유서'라는 낡은 정치철학을 중심으로 설계된 대한민국 공직선거법을 어떻게 생각하는가? 대통령, 국회의원, 선출직 공무원 피선거권에 대한 나이 제한 규정을 없애는 법개정운동이 필요하다. 유럽처럼 10대 국회의원, 20대 시장, 30대 대통령이 나올 수 있도록 만들자. 한국정치는 기울어진 운동장을 바로잡기 위해 지역차별, 성차별, 노동자와 고용주 문제 등을 두고 다양한 시도를 했다. 지방은 지역적 약자, 중소기업과 노동자는 경제적 약자, 여성은 성적 약자로 분류하여 '사회적 약자'라고 규정했다. 하지만 이제 약자 분류도 다시 해야 한다. 청년세대가 공정한 경쟁을 할 수 없는 상황이니, 우리 사회의 기울어진 운동장은 기성세대와 청년 세대다. 청년세대는 '제도적·시대적 약자' 그룹이다. 청년문제가 무엇이든지 법과 제도가 변하지 않으면, 실질적 해결은 불가능하다. 그렇기에 선거법 개정과 새로운 선거제도 도입이 절실하다.

젊은 국가의 비전을 만들자

국가에서 추진하고 있는 취·창업관련 예산과 고용성과가 보도되었다. 신규 일자리 하나를 만드는데 1억5천만 원이 소요되었다니 도대체 어디에 어떻게 쓴 것인지 궁금하다. 막대한 예산을 투입하고도 성과가 없는 이유는 틀은 바꾸지 않고 낡은 구조를 그대로 둔 채 예산만 쏟아부었기 때문이다. 새로운 직업을 만드는 데 써야 할 것을 기존의 직종, 직업, 비즈니스에 사용하면서 '양적 지표'에만 초점을 두었다.

일자리를 만드는 곳은 새로운 플랫폼(기업)이다. 국가가 만든 공공 고용

청년세대 정치선도

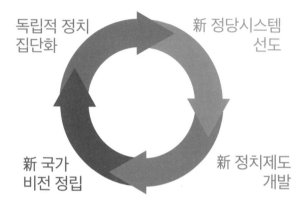

독립적 정치 집단화

新 정당시스템 선도

新 국가 비전 정립

新 정치제도 개발

서비스 일자리는 청년층에게 맞지 않는 단순한 저임금 일자리다. 그렇다면 어떻게 새로운 일자리를 만들 수 있을까? 한 가지 예를 들자면 '해외 취·창업개척단'과 같은 기구를 만들어 청년들이 직접 새로운 직업을 찾아가도록 하는 것이다. 젊은이들이 현재 가지고 있는 정보량이나 지식의 양은 30년 전의 세대와 비교해 7년이 앞선다고 한다. 청년세대가 대학을 졸업할 때는 이미 586세대의 '과장급'에 해당하는 경험과 지식을 가지고 있다는 것을 의미한다. 우리는 청년세대가 스스로 일자리를 찾거나 만들 수 있는 능력을 갖췄다고 믿으면 된다. 기성세대는 그런 토양을 만들어

주면 되고, 나머지는 청년이 직접 만들게 하자. 그래야 국가비전도 젊어
질 테니까.

III

신(新) 강대국 코리아의 전략

제1부 〈신 강대국의 등장〉 편에서는 한국이 새로운 강대국으로 등장하는 데 필요한 조건들을 '고려'에서 찾아보았다. 포용과 개방의 사회를 구현하면서 500여 년을 유지해온 고려는 다양성이 공존하는 국가였다. 다양성이 조화와 균형을 이룰 때 국가는 성장한다. 국가들 사이에서 '책임과 역할'을 수행하는 국가가 힘을 갖는다. 고려의 역사를 통해 국방력 못지않게 개방적 외교와 문화 수출의 힘이 국력을 뒷받침한다는 것을 알 수 있었다.

　제2부 〈강대국 시민의 탄생〉에서는 신 강대국으로 가는 과업을 수행할 적임자로 청년세대를 지목했다. 기성세대는 후진국에서 태어나 교육받고 자란 세대이고, 현재의 청년세대는 선진국형 교육을 받은 최초의 세대이기 때문에 상대적으로 우수한 점들이 많다는 것을 설명하였다.

　제3부 〈강대국의 전략〉에서는 새로운 국가, 강대국으로의 전환에 필요한 정책추진 및 제도에 대해 살펴보려고 한다.

　먼저 강대국의 DNA를 찾아내는 과정이 필요하다. 세계의 근·현대사를 볼 때, 한국은 최단기간에 산업화와 민주화를 성공시킨 국가다. 세계 어디에서도 비슷한 사례를 찾아볼 수 없을 정도다. 그러므로 어떻게 이런 성장이 가능하게 되었으며, 우리가 기억하고 기념해야 할 역사와 자산이 무엇인가를 찾아서 우리의 '유산'으로 만드는 작업을 해야 한다. 이 유산이 바로 강대국의 DNA이기 때문이다. 세계사 속에서 우리나라가 어떤 역할을 했으며, 가장 의미 있는 역할이 무엇이었나를 명확히 해야 한다. 우리에게는 세계사에 뚜렷이 기록될 만한 유산들이 있고, 이것이 한국의 자부심이다. 그래서 새로운 국가를 끌어갈 '3대 新문화유산'을 제안한다. 첫째는 민주문화유산이다. 민주주의의 가치는 전세계가 앞으로도 끊임없이 고민해야 하고, 우리는 이 민주유산을 한국의 상징적인 유산으로 삼아야 한다. 둘째는 한국의 산업사다. 고려가 만든 3T의 역사를 정리했듯이 근·현대 산업유산을 정비하고 관리하여 '산업문화유산'이라 명명하고 그에 합당한 제도를 만들어야 한다. 셋째는 개방과 포용의 상징공간 조성이다. 우리나라의 안정과 성장에 도움을 준 외국인들에 대한 예의를 갖추는 것으로 '국립외국인묘지'를 설립하는 것이다. 반도국가로서 국제교류는 숙명과도 같았다. 국가적으로 어려운 처지에 있었을 때, 목숨을 바쳐 한국을 도운 외국인들이 많았다. 선진국이 되려면 이들에 대한 최소한의 예의를 갖추기 위한 공간을 마련해야 한다.

다음으로는 강대국이 되기 위해서 갖추어야 하는 국가제도로 '5대 新국가전략과제'를 제안한다. 첫째는 글로벌 교류 기반조성에 필요한 〈교통관광산업부〉, 둘째는 청년의 해외진출을 지원하고 해외투자관리 및 글로벌 이익관리를 담당하는 〈해외투자청〉, 셋째는 식량안보와 세계식품시장을 주도하기 위한 〈해외농업개발청〉, 넷째는 750만 해외동포를 적극적으로 활용하여 세계경영을 완성할 수 있는 〈글로컬상원과 해외동포청〉, 다섯째는 〈해외주둔군 사령부〉를 설치하자는 것이다. 현재 한국은 '혁신적 포용국가'라는 타이틀로 국가를 포지셔닝하고 있다. 그러나 강한 군대, 국방력이 받쳐주지 않으면 완전한 포용국가를 실현하기 어렵다. 강력한 국방력은 좌우 진영논리를 떠나 강대국이 되기 위한 선결조건이다.

3대 신 문화유산

한국민주유산
Korean Democratic Heritage

한국
산업
유산

Korean
Industrial
Heritage

국립외국인묘지
NATIONAL CEMETERY
FOR FOREIGNERS

1. 세계민주주의 공유자산, 한국민주문화유산

저항과 혁명의 나라

해방 후, 태평양전쟁의 승전국이자 점령국인 미국이 군정을 실시했다. 1948년 간접선거로 초대 대통령이 된 이승만은 독재정치를 했다. 1960년 한국사회는 부정선거를 통해 정권을 연장하려고 한 대통령에 대하여 하야운동을 시작했다. 3·15 부정선거의 무효와 재선거를 주장했다. 시위 도중에 마산상업고등학교에 다니던 김주열 학생의 죽음이 보도되면서 전국적인 시위로 확대되었다. 4월 19일 경찰은 대통령 관저인 경무대로 몰려드는 시위대를 향해 발포했다. 시위대도 무장하여 경찰과 총격전을 벌이며 맞섰다. 이 과정에서 많은 학생이 희생당했다. 전국민적인 저항이 이어졌고 군지휘부는 무력동원을 거부했다. 이후 장면 부통령이 사임하고, 4월 26일 이승만 대통령이 하야를 발표함으로써 자유당 정권은 몰락했다. 식민지에서 해방된 후, 한국은 독립정부 12년 만에 시민들의 엄청난 희생으로 민주주의 쟁취라는 성과를 경험했다. 그 성과를 우리는 '4·19혁명'이라 부른다. 4·19혁명 이후 자유당 몰락에 이어 민주당이 여당이 되어 의원내각제를 시작했다. 짧은 기간 지방자치도 실시했으나, 시민들이 만들어 낸 민주주의는 오래가지 못했다.

주한미군 사령관 겸 미군정청 군정 사령관으로 활동했던 하지 중장에 이어 한국 군인이 등장하여 본격적인 군사정치가 시작되었다. 박정희 소장은 5·16 군사정변 당일, '군사혁명위원회(軍事革命委員會)'를 설치하면서 당시 육군참모총장이었던 장도영은 의장으로, 박정희 자신은 부의장으로 취임했다. '군사혁명위원회'를 '국가재건최고회의(國家再建最高會議)'로 명칭을 바꾼 후 입법·행정·사법의 3권을 행사했다. 직접선거 형식을 통해 박정희 소장이 대통령으로 선출되면서, 4·19혁명을 통해 선택된 새로운 정부가 무너지고, 조국 근대화 등을 앞세운 3공화국이 시작되었다. 군인들이 정치의 중심에 섰던 박정희 정권은 18년 6개월 후 '부마항쟁'이라는 커다란 국민저항에 직면하게 되고, 박정희 대통령은 진압과정에서 최측근인 김재규 중앙정보부장에게 살해당했다.

이후 1979년 10월부터 1980년 5월 사이에 민주화운동이 일어났다. 우리는 그 시기를 '서울의 봄'이라고 부른다. 망명했던 김대중이 돌아오고, 연금 상태에 있던 김영삼과 5·16의 주역이자 공화당 창당멤버인 김종필이 등장했다. 민주화의 물결로 '서울의 봄'은 왔으나 민주주의는 오지 않았다. 새로운 쿠데타 세력인 전두환 보안사령관이 군부 내 '하나회'를 중심으로 12·12군사반란을 일으켜 다시 군부를 장악했다. 권력의 중심부를 차지하고 계엄령을 선포했다. 한국사회는 신군부에 맞서 민주주의를 지키기 위해 극렬하게 저항했고, 광주 시민은 죽음을 각오한 항쟁으로 맞섰다. 이것이 '5·18민주항쟁'이다. 이후로도 군부독재는 7년 동안 계속되었다. 하지만 어둠 속에서도 민주화의 싹이 트고 있었다. 일명 '넥타이 부대'라고 부르는 30~40대의 중산층 노동자들을 중심으로 새로운 민주화운동이 일어났다. 당시 국민의 요구는 통일주체국민회의에서 대의원들이 대통령을 뽑는 간선제를 직선제로 바꾸자는 것이었다. 박종철과 이한열의 죽음으로 민주화 열기가 고조되자 여당인 민정당 대선후보로 선출된 노태우 대표위원은 결국 6월 29일에 6·29선언을 발표했다. 대통령 간선제를 직선제로 개헌하고, 야권 지도자인 김대중을 사면·복권한다는 내용이다. 우리는 그 시작을 '6·10민주항쟁'이라고 부른다. 4·19혁명과 5·18광주민주화운동, 6·10민주항쟁에 이르기까지 한국의 현대사는 민주주의 쟁취의 역사라 해도 과언이 아니다. 이 모든 것이 태동한 근원지는 어디일까? 민주항쟁의 DNA를 찾아야 한다.

근대민주주의 시작, 동학혁명

4·19로 시작된 한국의 민주주의 쟁취 역사는 60년이 흘렀으나 아직 미완이다. 민주주의 시작지점을 동학혁명으로 본다면 126년의 역사를 가졌다. 여러 전문가가 '동학의 난'이 아니라 '동학민족혁명운동'으로 역사적 사건을 재조명하는 데는 이유가 있다. 동학혁명은 인간 평등을 추구하고, 자주국가를 건설하기 위해 민중이 국가권력에 맞서 목숨을 바쳤기 때문이다. 1894년 백성들은 탐관오리들의 학정을 견디다 못해 부패한 정치체제를 개혁하고, 외세에 맞서기 위해 농민전쟁을 시작했다. 우리 역사상 가장 규모가 컸던 '반봉건·반외세' 운동이다. 농민군들은 경제중심지이자 전라

도의 최고행정기관인 전라감영을 점령했다. 거기에서 동학혁명군은 정부와 '전주화약(全州和約)'이라는 민주적 계약을 성사시켰고, 이 계약을 실천하기 위해 각 지역에 농민자치기구인 집강소(執綱所)를 설치하였다. 여러 학자가 전주화약 체결과 집강소 설치를 한국 근대민주주의 출발점이라고 보고 있다.

한국의 민주주의는 어디에서 왔는가? 한국의 민주화 과정에 대해 서구민주주의를 수용하고 학습한 결과라고 생각하는 사람도 있을 것이다. 서구의 민주주의 역사를 살펴보자. 근대 이전의 민주주의는 고대 그리스 민주주의와 로마 공화정으로 시민들의 직접적인 참여에 의한 민주정이다. 고대 이후 민주주의는 오랫동안 그 모습을 감추었다가 17세기 청교도혁명과 영국의 명예혁명, 18세기 프랑스대혁명과 미국 독립전쟁 등을 통해 점차 전세계로 확산했다. 20세기의 민주주의는 소련을 비롯한 사회주의권이 붕괴하고, 제3세계 여러 국가에서 군부독재에 항거하는 민주화운동을 벌인 것이다. 이 모든 것은 그들의 역사일 뿐이다. 근대 한국사회에는 단순한 반란이 아니라 민주적으로 제도개혁을 이룬 사례가 엄연히 존재한다. 바로 동학농민혁명이다. 당시 농민들은 집권층의 폭정에 대해 국민의 저항권을 행사했다. 조선 전체인구의 1/4이 모여 사는 전라도의 전주성을 공격하고 입성했다. 혁명군 대표자는 정부에서 파견한 관찰사와 전주화약을 체결하고, 지역마다 민·관이 합동으로 자치의사결정체제를 갖춘 집강소를 설치했다. 전라도에는 200여 개의 집강소가 설치되어 운용되었는데 지금도 집강소로 쓰였던 공간이 일부 남아 있다. 조선 정부는 혁명군을 진압하기 위해 외국에 군대를 요청하고, 동학혁명군은 일본군을 상대로 전투를 벌였다. 동학혁명 지도자였던 전봉준 장군이 일본군 포로가 되어 최후를 마치면서 1년에 걸친 동학혁명은 20여만 명의 순박한 사람들의 생명을 희생시키고 물거품처럼 사라지고 말았다. 그러나 이 운동은 근대 민주주의의 씨앗이라는 결과를 가져왔다. 당시 동학혁명군들이 제시했던 평등과 자주, 참여를 강조한 이념과 사상은 근대 민주국가의 이념과 거의 일치된다. 이처럼 한국은 내생적인 근대 민주주의의 뿌리를 가지고 있었고, 이런 민주주의 DNA는 식민지에서 해방된 국가 중 가장 빨리 민주주의 체계를 완성할 수 있게 하는 요소가 되었다.

세계사적인 가치를 지닌 우리의 민주주의 역사를 어떻게 기념할 것인가? 단순하게 기념일을 지정하는 수준에 머물러서는 안 된다. 우리나라 근대민주주의 역사를 '민주문화유산'으로 지정하는 제도를 만들고 민주주의는 목숨을 걸고서라도 반드시 지켜야 하는 소중한 제도라는 것을 교육해야 한다.

구체적인 민주문화유산으로 동학혁명의 예를 들어보자. 여러 지역에서 일어났으므로 공간과 사건들을 하나로 묶어 '민주문화유산 1호'로 명명하자. 고창 무장봉기에서부터 황토현, 전주성, 우금치, 장성 그리고 마지막 장흥의 석대들에 이르기까지 이 모든 유적과 유물을 '민주문화유산 1호'로 지정하자는 것이다. 그리고 숭고한 민주적 가치를 실현하기 위해 이름

없이 사라져간 무명의 동학혁명군을 기릴 수 있는 기념공간도 석대들 동학혁명기념관처럼 전 유적지에 조성하자. 프랑스 개선문의 '무명용사를 위해 꺼지지 않는 불'처럼 우리 민족의 민주정신이 영원히 타오르는 상징적인 공간을 만드는 것이다. 아니면 태양에너지의 무한한 자원을 활용하여 꺼지지 않는 등을 만드는 것도 의미가 있다. 민주주의를 향한 끊임없는 열망을 불이나 등불로 표현하자는 것이다.

세계의 민주주의를 위해 노력한 공로자에게 시상하는 제도로 가칭 '집강소 민주대상'도 만들 수 있다. 대한민국 근대민주주의 기념일로 선포하고, 시상 비용은 대한민국 민주시민 전체가 후원할 수 있도록 하자. 민주주의 핵심가치를 표현할 공간 조성사업은 시민들의 자발적인 아이디어를 모아 시민의 힘으로 완성하도록 유도하자. 사업의 규모와 범위에 대한 것은 더 많은 고민이 필요할 것이다. 하지만 '민주문화유산'이라는 제도를 만드는 일은 그리 어렵지도 않고 시간이 오래 걸리지도 않는다. 인류가 소중하게 지켜야 할 유산의 목록을 한국이 먼저 정하고 실행한다면 유네스코 유산지정 목록에 '세계 민주문화유산'을 추가시킬 수 있을 것이다.

민주주의는 교육을 통해 지켜야 하는 소중한 자산이다. 민주주의는 인간의 선한 마음에서 나오는 것이 아니라 공동체 안에서 교육하고 훈련해야 한다. 한국이 만들 '민주문화유산'이라는 제도를 통해, 한국은 세계민주주의의 본이 되고, 현대 민주주의 역사를 주도해 나갈 수 있다. 민주주의 열망을 가진 세계인들이 민주주의를 배우기 위해 한국을 방문하는 날이

한국민주유산
Korean Democratic Heritage

올 것이라 기대한다. 즉 한국을 '민주주의의 교육성지'로 만들자는 것이다. 이것이 한국이 세계사에 남길 역할과 책임이다.

민주문화유산 지정 및 민주주의교육 등에 관한 특별법 제정

　'미국 민주주의의 아버지'로 불리는 토머스 제퍼슨(Thomas Jefferson) 은 미국적 민주주의 토대를 다진 이로 평가되는 인물로 '민주주의의 나무 는 피를 먹고 자란다.'라고 했다. 동서양을 막론하고 민주주의 투쟁의 역사 가 길고 험난하기 때문이다. 서구 민주주의 수백 년 역사에 비하면 한국은 단기간에 많은 것을 이루었다고 볼 수 있으나, 쟁취 과정은 험난했다. 많은 이들이 피를 흘리고 목숨을 잃었다. 어렵게 얻었지만 쉽게 잃을 수도 있다.

민주문화유산

민주주의는 선과 악이라는 인간의 본성만으로는 유지될 수 없는 제도이기 때문이다. 민주주의는 다양한 정치제도 중 가장 효율적인 제도라고 생각해서 선택한 것이지 절대선이나 진리가 아니다. 민주주의를 유지하려면 끊임없이 보수해야 한다. 법적인 장치를 만들어야 하고, 교육과 훈련도 필요하다. 우리 사회가 형식적인 민주주의는 어느 정도 모양은 갖추고 있으나, 실질적인 민주주의는 아직 이루지 못했다는 평가가 나오는 이유는 법적 장치와 교육, 이 두 가지가 부족했기 때문이다.

그런 점에서 민주주의 역사공간을 별도로 관리해야 한다. 민주주의 중요성을 환기하고, 민주화 현장에서 벌어진 사건을 통해 민주시민의 가치와 태도를 배우려면 민주주의 역사가 살아있는 공간이 필요하다. 5·18민주화운동과 6월민주항쟁의 무대였던 역사현장을 통해서 '국민의 저항권'

을 배우고, 전태일이 목숨을 불살랐던 청계천 평화시장을 통해서 '인권과 노동 3권'을 학습하는 것이 살아있는 교육이다. 민주주의는 우리가 누려야 하는 가치인 동시에 목숨을 바쳐서라도 지켜야 할 가치이다.

'민주문화유산제도'는 세 가지 측면에서 의미가 있다. 첫째는 교육적 기능이다. '민주문화유산 순회 수학여행' 등의 교육프로그램을 통해 학생들의 민주주의 정신을 고취하고 함양하는 것이다. 둘째는 체험적 기능이다. 동학혁명부터 4·19혁명, 부마민주화항쟁, 광주5·18민주항쟁, 6·10민주항쟁 등의 역사적인 장소에 '민주문화유산 공간'을 조성하고 기념행사를 개최하는 일이다. 셋째는 세계적 역할이다. 한국 근대민주주의 경험을 세계와 공유하는 프로그램을 개발하는 것이다.

다른 나라가 민주문화유산제도 지정을 원한다면 법적 절차와 제도 부분에서 적극적으로 지원할 수 있도록 하자. 각국에 민주문화유산제도가 만들어지면 유네스코 산하 세계민주문화유산위원회 사무국을 한국이 유치할 수 있을 것이다. 한국은 세계의 민주주의를 이끌어갈 자격이 있다. 스스로 민주주의를 실현한 경험이 있고, 단 한 번도 식민지를 건설하지 않았다는 점은 세계민주주의를 위해 헌신했다고 볼 수 있다. 민주문화유산제도를 시작으로 더 큰 역할을 하게 될 것이다.

2. 20세기 경제 기적의 상징, 한국산업문화유산

세계 최고의 문명, 금속활자

우리 민족이 이룬 성과를 손으로 꼽자면 금속활자가 빠지지 않는다. 그러나 금속활자에 대한 국가 차원의 관심은 만족할 수준이 못 된다. 금속활자의 세계적 위상을 대표하는 국립박물관도 없다. 1992년 충청북도 청주시 흥덕사 터에 건립한 '청주고인쇄박물관'이 하나 있을 뿐이다. 2017년 유네스코 총회에서 '유네스코 국제기록유산센터(UNESCO International Centre for Documentary Heritage)' 건립 대상지가 청주시로 확정됨에 따라 직지 특구문화 조성사업을 진행했으나 그것은 발판을 마련하는 정도다. 연구도 부족하기는 마찬가지다. 2020년에 들어서서 한국 문화재청과 프랑스 국립도서관 공동 주관으로 양국 서지학자들과 관련 전문가들이 참여하는 연구를 시작했다고 하니 그나마 다행이다. 인류역사문명의 창이라 불리는 훌륭한 문화자산을 보유하고 있으면서도 국가는 왜 큰 관심이 없는 것일까? 금속활자본인 직지심체요절(또는 직지)이 프랑스에 있어서 그러는 것일까?

중국 서적으로 분류된 채 프랑스 국립도서관에서 잠들어 있던 직지는 1900년 프랑스 만국박람회 한국관에 소개되었으나 크게 주목받지 못했다. 외규장각 '조선왕실의궤'를 찾아다니던 재불 역사학자 박병선 박사가

한국
산업
유산

Korean
Industrial
Heritage

프랑스 국립도서관 사서로 근무하던 중 발견, 1972년 프랑스 국립도서관이 주최한 '책 전시회'에 소개되면서 처음으로 세계인들에게 모습을 보였다. 직지가 지구 반대편에 있는 프랑스에서 발견되었다는 사실은 한국의 아픈 역사를 대변한다. 우리의 것이니 마땅히 되돌려 받아야 한다는 목소리도 곳곳에서 들린다. 우리에게 과연 그럴 자격이 있는지 직지의 운명을 들여다보자.

1866년 프랑스와 수교 직후 초대 프랑스 공사였던 콜랭 드 플랑시(Victor Collin de Plancy)가 직지를 가져가지 않았다면 어땠을까? 직지는 프랑스가 병인양요 때 강제로 외규장각 도서를 앗아간 것과는 유출 경로가 다르다. 고서적 수집광이던 프랑스 공사가 정식으로 값을 치르고 구매했다는 점이다. 약탈해 갔다는 것은 근거가 없는 얘기다. 당시 직지심체요절은 외규장각에 있지도 않았고, 직지를 조사하거나 연구한 기록조차 없다. 구체적인 구입 경로는 정확하게 밝혀지지 않았으나 프랑스 공사가 그 가치를 발견하고 합법적으로 사서 가져갔으니, 무턱대고 내놓으라 할 수는 없는 일이어서 안타깝다. 만약 그때 직지가 프랑스로 건너가지 않았다면, 어떻게 되었을까?

시대를 이해하려면 당시의 사상과 문화를 알아야 하는데, 이 모든 것들은 기록으로 전해진다. 그런 면에서 인쇄술은 대단한 가치를 지닌다. 우리가 배우는 역사교육 과정을 들여다보면 인류의 역사를 바꾼 발견과 발명에 관해 매우 중요하게 다룬다. 인류의 정신문명에 가장 큰 영향을 끼친 것은 종이와 인쇄술이다. 금속활자는 우리끼리 그 가치를 얘기하는 우리나라만의 유산이 아니다. 2007년 노벨평화상을 수상한 엘 고어 부통령은 세계가 한국에 고마워해야 할 두 가지가 있는데 하나는 인터넷 국가의 선진 모델을 세계에 선물한 것이고, 다른 하나는 금속활자를 세계에 선물한 것이라고 했다. 이렇듯 많은 세계인이 독일의 구텐베르크(Johannes Gutenberg)보다 한국의 금속활자가 더 앞서 발명되고 실용화했다는 사실을 알고 있다. 어느 쪽이 세계사에 더 많은 영향을 끼쳤는가는 나중 문제다. '구텐베르크 42행 성서'가 가장 오래된 유산으로 오랫동안 인정받아 왔다. 그 이유는 그동안 세계사는 유럽 역사가 중심이었고, 유럽이 금속활자 인쇄술을 중요한 유산으로 여겼기 때문이다. 우리는 동양의 작은 나라였고, 우리의 인쇄술을 이용해 서적 수출을 했음에도 불구하고 결국은 그 귀중한 유산을 지키지 못했다.

　고려의 인쇄술 역사는 금속활자를 만든 것으로 끝난 것이 아니다. 인쇄에 필요한 것은 종이와 잉크다. 동양의 종이는 후한의 채륜(蔡倫)에 의해 처음 만들어졌다. 그 제지술이 우리나라에 들어왔을 것으로 추측하고 있다. 최초의 기록은 『일본서기』에 나온다. 먹과 종이를 잘 만들었다고 하는 고구려 승려 담징(曇徵)이 610년 일본에 제지술을 전수하였다는 기록이다. 고려시대에는 불경 필사와 서적 생산을 위해 더 많은 종이가 필요했다. 중앙과 지방 관청의 각종 문서, 중국과의 외교관계에서도 대량의 종이가 필요했다. 이를 위해 지전(紙田) 제도를 두고, 종이를 사서 쓸 수 있는 경비를 마련하도록 각 관청에 토지를 지급했다. 종이를 만드는 사람들은 지장(紙匠)으로 분리되어 봉급을 받았으며, 여러 유형의 제지수공업도 발달했다. 우수한 재질의 종이를 전문적으로 생산하여 국가에 공물로 바친 전문적인 제지수공업장이 있어 종이의 질적 수준도 상당했다고 한다. 거란, 송, 원나라에서 수입해 갈 정도로 '고려지[견지(繭紙)]'는 품질이 좋기로 유명했다. 중국 왕들의 업적을 기록하는 데에 고려의 종이만 사용했다는 기록도 있다. 닥나무로 만든 고려의 종이는 중국의 비단 섬유로 만든 종이로 착각할 정도로 고급스러웠다고 한다. 중국은 앞서서 종이를 만들고 전파했으나 고려의 제지기술 발달로 나중에는 고려지를 수입해서 사용하게 되었다.

　먹물로 금속활자의 인쇄가 가능할까? 목판인쇄에는 흑연을 갈아서 쓰던 석묵(石墨)이나 소나무를 태워 그을린 찌꺼기를 모아서 만든 송연묵(松煙墨)을 많이 사용했다고 한다. 목활자에 사용하던 먹물을 금속활자는 흡수하지 못한다. 송나라 사람이 식물성 기름을 태워서 만든 유연묵(油煙墨)을 개발했는데, 이것은 기름기가 많아 반짝임도 있고 금속판에도 비교적 잘 달라붙었다고 한다. 고려에서도 비슷한 방법으로 인쇄용 잉크를 만들어 썼을 것이다. 송나라에 종이와 함께 먹도 많이 수출한 것으로 보아 고려의 먹이 세계적이었다는 것을 짐작할 수 있다. 고려의 잉크는 소나무를 태운 송연과 기름을 태워 얻는 유연, 접착성을 높이기 위한 아교, 아교의 냄새를 줄이기 위한 향료를 배합하여 만들었다. 고려가 1234년에 금속활자를 사용해서 '고금상정예문'을 인쇄했고, 독일이 1495년에 납 활자의 주조에 성공하여 성서를 인쇄했다 하니 금속활자뿐만 아니라 유성 잉크를 사용한 것도 먼저가 아닐까?

고려는 왜 금속활자를 만들게 되었을까? 목판인쇄가 가능했는데 왜 금속활자가 필요했을까? 기술은 수요가 있어야 발달한다. 서적의 수요는 어디에서 발생했는가? 첫째는 내수시장이다. 불교 발달로 많은 사람이 불교 서적을 원했고, 목판인쇄로는 그 수요를 감당할 수 없었을 것이다. 일정량을 찍고 나면 나무가 손상되어버리기 때문이다. 한편 두 차례의 궁궐 화재로 수만 권의 장서를 잃게 되고, 송과 금의 끊임없는 전쟁으로 중국으로부터 서적을 들여오기 어려워지자 고려는 자체 기술로 서적을 인쇄할 수밖에 없는 형편이 된 것이다. 둘째는 수출시장이다. 고려에서 송나라로 수출한 상품 품목을 보면 문방사우(붓·먹·종이·벼루) 등과 함께 서적이 들어가 있다. 송나라 황제는 고려서적의 목록을 적어주면서 사올 수 없는 것이 있다면 베껴서라도 가져오라 했다고 한다. 당시는 한자문화권이었으므로 주변국이 같은 문자를 사용했기 때문에 서적 수출이 가능했다. 초기에는 대량의 서적을 송에서 수입했으나, 인쇄문화의 발달로 역수출을 하게 된 것이다.

도자기 산업, 고려청자

도자기는 점토를 반죽하여 모양을 빚고 불에 한 번 구운 후 유약을 입혀 다시 구운 그릇이다. 청자(靑磁)는 재료에 약간의 철분을 섞어서 푸르게 만든다. 청자를 만드는 기술은 중국으로부터 고려에 전해졌으나 고려청자는 독창적으로 발전했다. 나전칠기와 금속그릇에 은을 입사하는 공예기술을 도자기에 접목했다. 굽는 기술도 발달하여 완벽한 '비색(翡色-비취색)'을 표현하는 데 성공했다. 상감(象嵌)기법도 개발했다. 상감은 음각으로 패인 홈에 다른 색상의 흙을 메워 넣는 기술로써 고려청자를 세계적으로 만든 독창적인 기술이다. 송나라 사신 서긍의 〈고려도경〉에는 비색 상감청자를 '천하제일 고려비색'이라는 글이 있고, 송나라 귀족들의 명품 풍속 10가지가 소개된 남송대의 '수중금'에도 고려청자가 포함되어 있다. 중국 귀족들이 소장하고 싶을 정도의 명품이었다. 송, 원, 명대 초반까지 중국 수준의 도자기 기술을 구현할 수 있는 나라는 한국이 유일했다. 고려청자는 국제

적으로 널리 퍼진 교역품이었고, 중국의 유명 가마들이 가품을 내놓을 정
도로 인기가 높았다고 한다. 세계 도자기 역사에서 고려청자는 '신비스러
운 유약 색깔', '뛰어난 조형성', '상감기법의 창안', '진사의 최초 사용'을
인정받고 있다. 하지만 고려가 쇠퇴해가면서 청자도 같이 퇴조하였다.

　원나라가 대륙을 제패하면서 도자기의 유행에도 변화가 왔다. 원 황제
의 그릇이 청자에서 백자로 바뀌면서 국제무역에서도 백자가 우위를 차지
하게 되었다. 조선시대에는 청자의 사용이 줄고 분청사기와 백자의 사용
이 늘어났다. 백자는 백토로 형태를 만들고 위에 무색에 가까운 유약을 입
혀 구운 것이다. 그릇의 곡선은 단조롭고, 모양은 투박해졌다. 같은 시기에
일본은 중국의 유약기술을 받아들여 도기를 만들어 사용했으나 자기를 제
작한 역사는 임진왜란 이후다. 임진왜란 당시 일본군을 총지휘하였던 도
요토미 히데요시의 명령서(주인장)에는 '기술자들과 자수를 잘 놓는 소녀
등을 송환 조치토록 하라', '조선으로부터 포획한 산물은 해로(海路)는 파
손의 위험이 있으니 육로를 이용하여 안전하게 운반하라'는 내용이 있다.
이 명령에 따라 계획적으로 기술집단이 강제로 끌려가게 된 것으로 알려
져 있으며, 조선의 재공(도공)도 포함되어 있다. 일본에 끌려간 조선의 도
공들은 국가에서 운영하던 사용원에서 일하던 고급기술자가 아니라 평범
한 도공이 대부분이다. 일본은 이 도공들을 데려가 고급기술자로 예우하
면서 조선의 도자기 기술을 활용하여 제품을 만들었다. 일본은 도공의 역
할을 세분화하고, 그림 그리는 기술과 유약 바르는 기술 등을 전문화했다.

17세기 이전까지 고급 도자기 생산과 수출은 중국 중심이었다. '경덕진(景德鎭)'은 원대 이후 황실에 납품하는 고급 도자를 생산하는 관요가 있던 곳으로 경덕진에서 생산된 청화백자는 이슬람권을 중심으로 세계적인 명성을 확보해 나갔다. 그러나 청의 건국과 명의 멸망 과정에서 경덕진이 파괴되면서 동양 최대의 제품생산지가 문을 닫게 되고 세계의 도자기 시장이 공급 불안정에 휩싸이게 되었다. 일본은 도자기 시장에 공급과 수요의 불균형이 생기자 세계의 도자기 시장에 진출할 기회를 맞게 된다. 조선 도공의 이주와 동인도회사라는 유통망을 매개로 세계 무역 시장에 등장한 것이 '아리따 도자기'다. 그리고 1890년 제2회 세계박람회인 파리박람회에서 아리따 도자기가 상을 받았다.

한국의 도자기 산업사는 세계 산업사에서 중요한 한 페이지를 장식하였다. 특히 고려의 상감청자 역사는 산업기술사에 있어서 중요한 부분이기도 하다. 아니 당시에는 최고의 첨단기술을 개발한 것이다. 시작은 중국 기술을 가져왔으나 이를 기반으로 독자적인 기술을 개발하여 새로운 상감청자를 만들어낸 것이다.

국가브랜드 건강식품, 고려인삼

대륙마다 대표적인 건강식품이나 기능성식품이 있다. 북유럽의 블루베리와 아로니아, 남아메리카의 브라질너트, 아프리카의 알로에 등은 근래에 건강식품으로 알려졌다. 우리나라 대표 건강식품은 인삼이다. 중세 이

전부터 '고려인삼'이라는 국가 이름을 달고 수출했고, 현재는 연간 2억 달러를 수출(한국농수산식품유통공사, 2019년 발표)하면서 라면과 커피에 이어 식품 수출품목 톱5에 등극했다. 우리나라에서 언제부터 인삼이 재배되었는지 정확한 연대를 알 수는 없다. 고려시대에 전라남도 화순군 모후산 일대에서 인삼을 재배한 것을 인삼재배의 기원으로 보고 있다. 고려인삼의 수출 역사는 약 1천 5백 년 전인 삼국시대로 거슬러 올라간다. 그때의 삼은 재배인삼이 아니라 자생하는 산삼으로 백제와 신라가 중국, 일본과 인삼 교역을 했다고 한다. 일부 사람들이 산삼의 종자를 깊은 산속에 심어 재배했는데 그것이 인삼재배의 시초라고 추정하고 있다. 고려시대에 인삼의 약효가 뛰어나다는 것이 널리 알려지기 시작했고 중국, 일본을 비롯한 아시아권에 수출하면서 중요한 무역품이 되었다. 고려인삼은 중국에 공물로 보내거나 왕실의 재정확보를 위해 사용되었다. 고려 말부터는 인삼 교역량이 많아지면서 공납 증가에 의한 무분별한 인삼채취로 인삼 부족 사태가 생길 정도였다고 한다.

조선시대에는 국가 차원에서 유통과정을 관리하기 시작했다. 15세기에 전국적으로 인삼재배 방법이 보급되어 인공재배 시대가 열렸다. 1558년에 홍삼은 국영무역 품목으로, 백삼은 자유무역 품목으로 지정되었다. 17세기 후반에는 홍삼 제조기술이 일반에게 알려지기 시작했다. 18세기 후반에는 상품작물 또는 무역품으로서 그 경제적 가치에 주목한 전문 판매업자가 등장했다. 인삼의 가치를 알게 된 중국 파견 예수회 선교사에 의해 인삼의 약효가 서양에 알려지면서 캐나다에서도 인삼을 재배했다고 한다. 19세기 중반 개성상인이 개성지방을 인삼 주산지로 만들면서 홍삼 대량생산체제로 전환했다고 한다.

인삼은 단순한 동양의 건강식품이 아니다. 17세기 이후 동서양 교역 네트워크에서 매우 중요한 역할을 한 품목이자 우리나라를 상징하는 글로벌 브랜드다. 당시에도 여러 나라가 인삼을 재배했으나 우리 인삼과 견주기 어려울 정도로 고려인삼의 효능이 탁월했다고 한다. 중국 관동삼(關東蔘), 일본 죽절인삼(竹節人蔘)도 맛과 효능 면에서 고려인삼과 경쟁하지 못했다. 유럽에 고려인삼이 알려진 계기는 영국 동인도회사 일본 주재원이었던 리처드 콕스가 런던 본사에 통신문과 함께 인삼을 보내면서부터였다고 알려져 있다. 17세기부터 인삼의 효능에 대한 논문이 실릴 정도였으니 인삼의 가치는 이미 오래전에 입증되었다고 볼 수 있다. 최초의 K푸드이자 K바이오인 셈이다. 국가는 이런 고려인삼을 산업유산으로 관리해야 한다. 고려인삼을 한국바이오산업의 상징으로 활용하고, 그 가치를 극대화하기 위한 국가브랜드정책이 필요하다.

국가산업문화유산 지정, 특별법 제정

강대국의 조건은 영토의 규모가 아니라 과연 대국이 될 만한 문화유산이 있는지, 그 문화가 세계사적으로 어떤 역할을 했는지를 따져봐야 한다. 고려는 정보기술(IT), 바이오기술(BT), 문화기술(CT)을 두루 발달시킨 국가였다. 우리 민족이 만든 우수한 문명에 대한 자부심을 찾기 위해 고려의 3대 산업을 산업문화유산으로 관리해야 한다.

고려의 산업유산에 대한 중앙정부의 관심은 많지 않다. 지방정부에서 몇몇 유산기념사업을 끌어가고 있을 뿐이다. 금속활자는 직지의 제작지 흥덕사지가 있는 청주에서 고인쇄박물관을 운영하고 있고, 청자는 청자의 본고장인 부안과 강진의 지방자치단체에서 박물관을 운영하고 있다. 고려 인삼은 KT&G나 인삼 주산지인 지자체에서 박물관을 운영하고 있다. 이 제는 일반적인 박물관 형태가 아닌 산업문화유산 관점에서 연구하고, 이 를 국가과제로 삼아 국가차원에서 관리해야 한다. 국립박물관에 버금가는 예산과 관리지원이 필요하므로 고려의 3대 산업을 13세기 국가산업문화 유산으로 지정, 보전, 활용하기 위한 특별법 제정을 요청한다. 그간 산업유 산을 관리해온 지역의 책임과 역할이 있었다. 따라서 추진은 지역에서, 지 원은 중앙에서 하는 새로운 개념의 '자치형 국가유산관리시스템'을 만드 는 것도 충분히 의미가 있을 것으로 보인다.

20세기 산업문화유산 철강, 전자, 자동차 산업사 정비

산업유산은 산업혁명 이후 공업 중심의 근대화 과정에서 남겨진 과학기 술과 그와 연관된 유산을 말한다. 세계산업유산 등재 경향을 보면 산업혁 명 이후에 건설된 것으로 기초산업시설이 대부분이다. 한국의 경우 서구 유럽식의 산업혁명은 없었으나 현재의 한국을 만든 역동적인 20세기 산업유산이 있다. 우리는 서양의 산업사와는 다른 길을 걸었으므로 그 기준에 맞출 것이 아니라 우리 기준을 정하여 산업사를 정리하면 된다.

최근 들어 산업유산의 가치와 활용 가능성에 관심이 쏠리면서 산업유산을 재활용하자는 움직임이 활발해졌다. 산업시설의 큰 규모와 부지를 이용해 지역사회의 관광자원으로 탈바꿈되는 경우가 많았다. 도시재개발 과정에서 경제논리에 밀려 소중한 유산들이 멸실되거나 훼손될 위기에서 벗어난 것만큼은 다행한 일이다. 하지만 산업유산을 새로운 공간으로 재활용하자는 취지에 초점이 맞춰져 있을 뿐이라서 아쉽다. 단순한 새로운 공간으로서 리모델링이 아니라 산업유산 고유가치의 보존과 활용 방법에 대해서는 더 깊은 고민이 필요하다. 특히 60~80년대 자주적 산업유산에 대해서는 한국을 넘어 아시아와 세계 근대산업사에서 매우 중요한 사례가 될 수 있으므로 그 가치를 제대로 평가하고, 산업유산으로서의 관리방안을 모색해야 한다.

울산의 자동차와 선박산업, 구미의 전자산업, 대구와 익산의 섬유산업, 포항의 철강산업 등을 산업문화유산으로 지정하고 해당 지역을 산업문화유산지역으로 관리하자. 이렇게 해야만 과거의 '산업도시' 형태에서 '산업문화 도시'로의 전이가 가능하고, 산업재생 측면에서도 도시의 역할이 분명해진다. 근현대 산업문화유산을 지정하고, 산업문화사를 정비하여 도시의 정체성을 되찾는 일은 매우 중요하다. 울산의 어린이들이 세계 최고의 자동차 디자이너를 꿈꾸고, 구미의 어린이들이 세계 최고의 전자제품을 만드는 꿈을 꾸게 하자. 자동차는 울산에서 배우고, 전자는 구미에서 배울 수 있도록 지역대학을 특화하는 것도 하나의 방안이 될 수 있을 것이다.

　20세기 산업사가 일부의 의견에 따라 함부로 재단되지 않도록 하려면 관련 산업의 리더와 기술자들의 역사도 증언을 토대로 성실하게 기록해야 한다. 그 작업과 함께 '근현대 한국산업사 기념공간'도 조성하자. 근현대 산업유산 기념공간은 우리의 자부심을 높일 뿐만 아니라 외국인들에게 한국의 현대산업을 이해시키기 위한 효과적인 방법이 될 것이다. '산업강국, 제조업강국 한국'을 마케팅하는 데 있어 중요한 자산이 될 것이다. 기념 시설로는 가칭 '한국산업사 공원'과 공원 내에 '한국산업사 박물관'을 건립하는 것도 좋을 것이다.

▌국가 산업유산

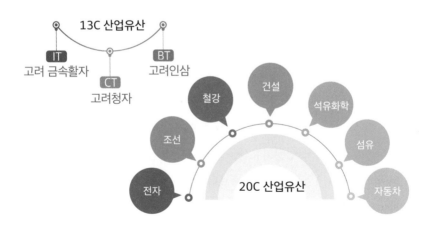

산업문화유산 관련법 내용 예시

산업문화유산 관련법의 예시 대상으로 금속활자를 선택해보자.

첫째, 기술개발과 기술교류 연구사업이다. 왜 해당 기술을 만들게 되었는지에 대한 답을 찾는 것에서 시작하여 기술의 해외 전래과정을 정확하게 찾아내자. 둘째, 관련 인물연구이다. 출판인쇄업과 관련된 당대의 인물은 물론 현대의 인물도 재조명하자. 직지심경을 처음 발견하여 보관한 프랑스의 플랑드 공사, 프랑스 도서관의 어둠 속에서 직지를 발견하고 그 가치를 세계에 알린 박영선 박사 등 직지심경을 지키고 발굴한 사람들의 스토리는 흥미로울 뿐만 아니라 매우 중요한 역사다. 셋째, 고대와 근대 출판역사 연구이다. 애국과 종교 중심의 해석이 아니라 '인쇄문화'에 대한 종합적 연구가 필요하다. 금속활자가 서양보다 몇 년 더 빠르다는 것을 강조하는 것보다 한국은 기록을 소중히 여기는 전통을 가진 국가임을 보여줘야 한다. 우리나라가 기록을 중시하는 민족이었다는 것을 증명하는 것은 어렵지 않다. 인류 최초의 기록유산인 『조선왕조실록』이 있고, 임진왜란 중에 민간인들이 중심이 되어 조선왕조실록을 지키기 위한 눈물겨운 스토리가 있다. 우리는 『훈민정음』 해례본과 『조선왕조실록』이 세계기록유산에 등재된 이래 모두 16건의 세계기록유산을 보유하고 있으며, 세계에서 네 번째 아시아 태평양지역에서는 가장 많은 세계기록유산을 보유한 국가이다.

마지막으로 그동안 관련 분야에서 공을 세운 인물에 대한 감사의 의미로 상장과 훈장을 수여하면 좋겠다. 관련 유물을 찾는 내용도 법에 포함해야 한다. 충북에서는 25년 전부터 '직지 찾기 운동'을 하고 있다. 청주 시민단체가 '직지 찾기 운동본부'를 결성하기도 했으나 아직 별다른 성과가 없다. 금속활자의 특성상 여러 권을 인쇄했을 가능성이 있으므로 금속활자본이 어딘가에서 잠자고 있을지 모른다. 우즈베키스탄의 사마르칸트 도서관이나 몽골의 어느 도서관, 중국의 지역 도서관에 있을 수도 있다. 지자체 단위로는 한계가 있다. 민간 전문가나 기관(인쇄협회나 출판협회, 연구기관 등)도 참여하도록 하자.

3. 글로벌국가의 핵심문화자산, 국립 외국인묘지

　우리는 한국 개화기의 관문을 인천으로 알고 있다. 그러나 구한말 개화기에 외국인들은 인천이 아니라 한강을 따라 올라와 마포나루와 양화진을 통해 한국 땅에 발을 디뎠다. 당시 마포는 한국과 서양이 만나는 국제적인 관문이자 지방의 물산이 서울로 모이는 관문이었다. 새로운 문화가 들어오고 만나는 교차로의 중심이었던 마포에 소중한 유산이 하나 있다. 강변북로 양화대교 북단 근처에 있는 천주교 절두산 순교성지다. 절두봉은 조선시대에 양화진으로 불리던 곳으로 경상·전라·충청 삼남의 세곡(稅穀)이 모이는 곳이자, 한양을 오가는 사람들이 들르게 되는 교통의 요지다. 본래 이름은 잠두봉(蠶頭峰)으로, 누에가 머리를 치켜든 것 같다 해서 붙여진 이름이다. 절두봉이란 '머리 자르는 산'이라는 의미인데, 이렇게 무서운 이름은 병인박해에서 유래했다. 천주교 신자들 목을 잘라 한강에 던져 넣는 식의 집단 처형이 이루어졌기 때문이다.

　바로 그 자리에 한국에 들어와 활동했던 외국인들이 잠든 '양화진외국인선교사묘원'이 있다. 조선 왕실의 고문이자 독립운동과 한글 발전에 큰 역할을 한 호머 헐버트 (Homer B. Hulbert) 박사가 잠들어 있는 곳이기도 하다. 그는 조선의 자주독립 의지를 국제사회에 알렸던 '헤이그 밀사 사건'을 직접 기획하고 지원한 인물이었다. 그의 묘비명에는 "나는 웨스트민스터 사원에 묻히기보다는 한국 땅에 묻히고 싶다."라는 생전의 뜻이 적혀 있다. '베델'이라는 영국인도 우리에게 익숙한 인물이다. '배설'이라는 한국 이름을 가졌던 어니스트 베델(Ernest Thomas Bethel)은 양기탁과 함께 〈대한매일신보〉를 창간해 조선독립과 일제의 학정을 알리기 위해 노력했던 의인(義人)이다. 그는 조선의 독립운동과 연루되었다는 혐의로 일본 경찰의 고문을 받고 그 후유증으로 30대에 요절했다. 언젠가 이은상 시인은 베델의 묘비를 끌어안고 다음과 같은 시를 지었다. "청춘에 배를 띄워 유록국토(有緣國土) 찾은 것이 불행히 이 땅이라. 여기와 머물면서 피 묻은 항일투쟁에 젊은 날을 보냈구려. 산 설고 물도 설고 이해(利害)도 없는 곳에 구태여 여기 와서 우리 위해 싸우셨소." 이외에도 "내게 줄 수 있는 천 번의 생명이 있다면, 나는 그 천 번의 삶을 한국을 위해 바치겠다." 했던 루비 켄드릭(Lubye Rachael Kendrick)도 있다. 한국인들보다 더 한국을 사랑했고, 한국을 위해 희생했던 사람들의 '마지막 흔적'이 남아 있는 곳이 이곳이다. 외세라는 우리의 편견 속에서도 한국의 삶을 포기하지 않고, 기꺼이 한국을 위해 희생한 이들에 대한 예를 갖추어야 한다. 따라서 한국을 위해 희생한 외국인들을 위한 기념사업 등에 관한 특별법을 제안한다. 그리고 그 법에는 이런 내용을 담자.

첫째, 국립외국인묘지 설립에 관한 것이다. 현재의 외국인 묘역은 고종황제 이후 대한민국의 종교계, 언론계, 교육계 등에 공헌한 13개국의 외국인 인사 분묘가 있는 곳으로 〈한국기독교100주년기념재단〉이 관리하고

국립외국인묘지
NATIONAL CEMETERY
FOR FOREIGNERS

있다. 이제는 국가가 관리하는 외국인 추모공간을 만들어야 한다. 마포의 양화진을 지정할 수도 있고, 대전 국립묘지 인근에 전용묘지를 조성할 수도 있을 것이다. 둘째, 기념관을 만드는 일이다. 이미 진행하고 있는 곳에는 국가지원예산을 편성하고, 없는 경우에는 별도의 기념관을 세우자. 셋째, 외국인들이 태어난 지역과의 교류사업이다. 예를 들면 베델이 태어난 영국 브리스틀시, 헐버트가 태어난 미국 버몬트주와 자매결연을 하는 것이다. 넷째, 이들을 기념하기 위한 시상이다. 가칭 '한국을 사랑한 외국인 대상'을 만들어 '올해의 외국인'에 뽑힌 인물 또는 부문별로 한국을 위해 각별한 노력을 기울인 외국인을 선정하여 시상하는 것이다.

한국인이라면 반드시 기억해야 할 외국인, 그들을 기리는 공간이 생긴다는 것은 여러 의미를 담고 있다. 잊고 있었던 그들의 발자취와 업적에 감사하고, 이런 작업을 하나둘 쌓아가다보면 열린 마음으로 외국인을 사랑할 수 있을 것이다. 2019년 우리나라 체류 외국인 숫자는 252만 명을 넘어섰다. 서로의 필요에 의해 한 공간에서 살고 있기는 하지만 편견과 차별은 곳곳에서 일어난다. 일부에서는 외국인 근로자들을 학대하여 국가 이미지에 악영향을 주고 있다. 우리는 단일민족이라는 틀 안에서 강한 민족주의를 내세우는 교육을 받고 자란 탓에 다른 인종에 대해 배타적인 성향이 존재한다. 그러나 새로운 시대다. 한국에는 이미 인종적, 민족적 다양성이 넘실댄다. 이 시대에 필요한 것은 '함께 살고자 하는 노력'이다. 전통적이고 폐쇄적인 '단일혈통'이라는 시각에서 빨리 벗어나야 한다. 외국인에 대한 잘못된 선입관을 버려야만 외국인의 역할을 합리적으로 되돌아볼 수 있게 된다.

5대 신 국가전략

해외주둔군사령부
Korean Overseas Military Forces Headquarter
Don't forget Aden

교통관광산업부
Ministry of Transportation and Tourism
Never Forget Hanjin Shipping & Ferry Sewol

해외농업지원청
Korean Foreign Agricultural Service

대한민국상원
Glocal Senate

해외투자청
Korean Overseas Investment Agency
Never Forget Resource Diplomacy

1. 세계평화와 세계경영을 위한 군대, 해외주둔군사령부

해외주둔군사령부
Korean Overseas Military Forces Headquarter
Don't forget Aden

일본의 고대 파병사 '백강 전투'

　일본인이 자랑스러워하는 역사 중에는 '백강 전투'가 있다. 금강, 만경강, 동진강이 만나는 한반도 최고의 곡창지대를 이루고 있는 백강 지역에서 동아시아의 패권을 놓고 벌어진 큰 전쟁이었다. 당나라와 협력한 신라와 일본의 지원을 받은 백제와의 전쟁이다. 백제를 돕기 위해 일본 천황은 무려 2년 반 동안의 준비기간을 거쳐 전함 1천척과 병력 2만 7천 명의 대규모 파병을 했다. 참전의 주체는 백제계 도래인이었다고 한다. 과연 일본은 한반도에서 벌어진 이 백강 전투에서 무엇을 얻고자 했던 것일까? 참패한 전투임에도 불구하고 일본에는 이 전투와 관련한 책이 30권이 넘는다. 그들은 왜 그렇게 백강 전투의 기록에 집착하는 것일까? 고대 일본이 한반도 상황에 적극적으로 개입했다는 명백한 증거, 즉 고대 일본의 국력을 확인할 수 있는 근거가 되기 때문이다. 파병 국가로서의 힘을 과시하는 것이다.

우리에게도 파병 역사가 있다. 삼국시대에는 왜의 침략을 막기 위해 신라에 고구려 군대를 보냈고, 고려시대에는 일본 정벌을 위한 원나라의 요청으로 대규모 파병군을 보냈다. 조선시대에도 청나라의 파병 요청에 따라 러시아군과의 전투에 파병한 일이 있다. 해방 이후, 해외파병 문제는 파병의 필요성과 임무의 성격, 파병 규모를 두고 논쟁이 끊이질 않았고, 매번 진통을 겪었다. 그랬음에도 불구하고 역대 정부는 베트남전을 시작으로 소말리아, 동티모르, 키프로스, 레바논, 이라크에 이르기까지 전 세계 14개 지역에 파병부대를 보냈다. 파병 병력은 연인원 36만 4천여 명을 넘어섰다. 키프로스 분쟁지역의 경우는 한국군 장성이 파병 사령관을 맡기도 했다. 파병부대의 주요 활동은 다국적군 평화 활동, 국방협력 활동, 유엔 평화유지 활동이다. 일반병력 이외의 유엔평화유지군은 의료지원단, 공병단 등 사회시설 건설 및 복지 등의 다양한 활동을 한다. 파병목적은 국제사회에서 대한민국의 입지를 높이고, 외교적으로는 우방국을 확보하며, 해외를 오가는 자국민의 안전도 보장하는 것이다. '대한민국은 국제평화의 유지에 노력하고 침략적 전쟁을 부인한다'는 대한민국 헌법 제5조 1항을

근거로 세계 각국에 평화유지군을 파견해 세계 안정과 평화에 기여하고
있다.

한국은 스스로 파병을 선택해야 하는 부국

해방 이후, 한국은 미국과 동맹의 끈을 이어가고 있다. 한국전쟁 이후
미국과의 동맹은 대한민국의 안보에 절대적인 방어선이었다. 동맹국이라
는 관계 속에서 한·미상호방위조약에 따라 1964년 첫 파병을 시작으로,
1966년 4차에 걸쳐 베트남전쟁에 대한민국 전투부대를 파병했다. 미군의
한국주둔 등 상호방위에 대한 복잡한 계산이 깔려 있었다. 이후에도 동맹
국 미국의 요청으로 다양한 형태로 파병이 진행되었다. 파병 요청이 오면
한국은 긴 고심 끝에 결정을 내리게 된다. 동맹국의 요청이 거셀수록 국내
의 반대 목소리도 커졌고, 정치적 갈등도 커졌다. 그래서 전투부대의 파병
을 최소화하는 방향으로, 향후 상대국과의 외교관계에 미칠 파장을 최소
화할 수 있는 방향으로 파병을 유지해왔다. 대부분의 파병은 동맹국 미국
의 요청으로 이루어졌다. 하지만 2008년 이후 소말리아 해역에서 해적 활
동이 급증하여 자국의 민간선박이 납치되는 상황이 발발하자 한국은 새로
운 선택을 하지 않을 수 없었다. 타국이나 유엔의 요청이 아니라 자국민의
생명과 재산을 보호하기 위해 해외파병을 해야 했다. 2009년 청해부대 1
진을 소말리아 아덴만 해역에 파견하여 해적선을 퇴치하고 민간상선을 구
조했다. 2011년에는 소말리아 해적에게 피랍된 선박을 해상에서 구출하

기도 했다. 2019년 12월, 청해부대 파병 연장안이 국회를 통과하여 유사시 파병지역을 넓힐 수 있게 되었다.

수출이 증가하면서 한국의 제품과 한국인을 실은 수많은 배가 세계의 해양을 누비고 있다. 한국의 2020년 수출 비중 순위는 세계 7위, 수출과 수입을 합친 교역 순위는 9위(WTO, 2020년 세계 주요국 교역 동향)이다. 네덜란드는 중개무역이 대부분을 차지하기 때문에 자국 제품의 물동량으로 따지면 한국이 세계 6위라고 볼 수 있다. 그런 만큼 자국의 제품 보호에 소홀하면 안 된다. 소말리아 해협의 경우를 보자. 미국은 소말리아 정부군 훈련을 지원하고 있고, 안보작전을 수행하기 위해 미군 정예부대 병력을 파병했다. 다른 국가들도 다양한 형태의 군대를 파병하고 있다. 소말리아 해역에 파병하는 이유는 아덴만이 아시아와 유럽을 연결하는 최단거리 항로여서 수에즈 운하를 통과해 유럽을 오가는 선박은 반드시 거쳐 갈 수밖에 없는 곳이기 때문이다. 소말리아 해적들이 건들지 않는 배들이 있는데 바로 러시아와 북한, 프랑스 선박들이라고 한다. 이들은 함대를 보내 해적을 보는 즉시 사살하거나 체포했다. 해적의 입장이라면 파병능력이 없거나 정보망이 부족한 나라의 선박을 선택하여 공격할 것이다. 우리는 피랍 후에야 영국계 브로커를 통해 소말리아 해적들과 협상해 왔다. 소말리아 해적들은 이런 '정보 비대칭성'을 철저히 활용해 거액의 몸값을 챙겨갔다. 한때 기승을 부리던 소말리아 해적이 다국적 연합함대 활약 등으로 힘을 잃었다고는 하지만 서아프리카 해협에서의 해적 위협은 여전하다. 주의한다고 해서 해적질을 피할 수는 없다. 우리나라처럼 해외무역 의존도가 높은 국가에서 해상교통로의 안전은 국가의 핵심적 이익과 연결된다. 한국은 자국민과 자국의 수출품 등 포괄적인 국가이익을 보호하기 위해 스스로 군대를 파견해야만 하는 시기가 왔다. 누군가의 요청이 아니라 우리 스스로 우리의 국익과 국민의 안전을 도모하기 위해 파병을 결정해야 하는 때가 되었다는 뜻이다. '국격'도 필요하고 'G20'도 중요하고 '선진국'도 좋으나 자국의 국민을 함부로 건들 수 없도록 해양안전을 지켜주어야 하지 않겠는가?

한국은 이미 대규모 해외투자국가의 반열에 들어섰다. 삼성전자가 베트남에 투자한 액수만 170억 달러(약 20조 2400억 원)다. 여러 중소기업도 중남미에서부터 동남아, 인도, 아프리카에 이르기까지 전세계에 진출해 있다. 우리의 자산이 외국 영토에 있는 것이다. 투자지역에서는 언제든지 분쟁이 생길 수 있고, 문제가 생기면 우리 국민의 재산은 물론 생명까지 위협받을 수 있다. 외교채널을 통해 해결할 수 있으면 다행이지만 그렇지 못하는 경우라면 우리는 군을 동원해서라도 이 문제를 해결해야 한다. 그러므로 파병 관련 문제는 우리의 문제이다. 최근 2012년~2018년 사이에 필리핀에서는 50여 명이 넘는 한국인이 살해당했다. 일반 여행자도 있었고 기업인도 있었다. 그러나 경찰청에서는 공조수사를 위해 간단한 협조만 했을 뿐이다. 일본이나 미국이라면 어땠을까? 그동안 우리는 국제문제가 발생하면 늘 약소국 입장에서 대처했다. 해외 한국인을 보호하는 일에

서도 마찬가지였다. 이제 자국민의 재산과 생명을 지키기 위해 경찰력은
물론 군사력을 통한 물리적인 힘도 불사해야 한다.

우리에게 '국익'은 무엇인가?

  세계평화와 해외질서를 지향하는 국가라면 해외파병은 선택이 아니라
필수다. 물론 이면에는 국가적 이익 추구가 있다. 일본의 자위대가 해외파
병에 그렇게 목을 매는 이유도 자국의 이익 추구다. 일본의 자위대 해외파
병 문제를 놓고 한국 언론은 뜨거운 화제로 다뤘다. '자위대 파병은 철저하
게 국익을 계산한 것이다, 일본이 드디어 군사대국화의 길에 들어섰다.'면
서 일본 군국주의 부활론을 제기하는 시민단체들도 있었다. 일본은 파병
목적을 '국익'을 위해서라고 대대적으로 떠들고 있다. 반면에 우리나라에
서는 해외파병 목적인 국익보다는 미국의 요구에 무릎을 꿇는 비굴한 짓
이라고 치부하는 목소리가 더 크다. 2007년 이라크전에 파병할 때도 일부
언론과 시민단체는 '미국의 주구(走狗, 사냥개)가 되어 이루어지는 한국의
파병'이라고 했다. 중동 국가가 우리의 적으로 돌아설 것이라며 한국의 파
병을 무가치한 일로 폄훼하기도 했다

  모순이다. 다른 나라가 파병하면 국익 차원의 파병이라 이기적인 것이
고, 우리가 파병하면 세계평화를 깨뜨리는 것이라고 우기는 것은 이중잣
대다. '국익'을 말하는 즉시 보수가 되는 이상한 나라, 파병의 명분을 남의
고통과 자신의 이익을 교환하는 약삭빠른 짓으로 치부하는 이상한 나라가

한국이다. 해외파병 목적에서 어떻게 국익을 배제할 수 있을까? 사회정의 차원에서 파병을 논의하는 나라가 한국 말고 또 있을까?

방위산업은 전쟁억지산업이자 평화유지산업

자국의 국토를 방위하고 평화를 유지하기 위한 산업을 방위산업이라고 한다. 국가방위를 위하여 군사적으로 소요되는 물자의 생산과 개발에 기여하는 방위산업은 상당한 국부와 고용을 창출하는 산업군이다. 아베는 "어떤 사태가 발생하더라도 국민의 생명을 지킬 수 있어야 한다. 이를 위해 현행 헌법 아래에서 무엇이 가능할지 논의가 필요하다."는 말을 했다. 왜 일본은 법을 바꾸면서까지 무장하려고 하는 것일까? 우리가 볼 때는 '제국주의 부활'이나 '군사대국화'로 보이지만 그게 전부가 아니다. 소위 '황금알 낳는 거위'인 방위산업을 노린 것이다. '만약 일본이 그동안 축적한 과학기술을 살려 무기시장에 뛰어들었다면 일본의 잃어버린 20년은 없었을 것'이라고 주장하는 사람도 있다. 만약 그랬다면 미국 다음으로 무기를 많이 수출하는 나라가 되었을 것이고, 전자산업에 뒤지지 않을 정도로 일본의 선도산업이 되었을 것이다.

글로벌 방위산업 시장규모는 1조 7천억 달러로 매년 2% 이상의 성장률을 나타내고 있다. 전문가들은 우리나라를 세계 8대 방위산업국으로 평가했다. 한화그룹은 세계 방산 수출기업 순위 20위 안에 드는 방위산업 기업이다. 우리나라에서 연구·개발되고 생산된 방산제품은 세계 곳곳을 누비고 있으며, 수출을 통해 효자산업이 되고 있다. 경제적 파급효과에도 불구하고 방산수출이 전쟁을 부추긴다는 비판적인 견해를 보이는 사람도 있으나, 오히려 세계평화 구현에 이바지한다. 평화유지를 위해서는 역으로 전쟁을 억지할 능력, 즉 자신을 지킬 힘이 필요하기 때문이다.

2021년 1월 미국의 군사력 평가기관 중의 하나인 글로벌 파이어파워(global fire power)에서는 한국의 세계 군사력 순위가 6위로 부상했다고 발표하였다. 해방 이후 한국군은 외국에서 수입한 무기로 무장을 했고, 한국전쟁은 남북 양측 모두가 수입한 무기로 전쟁을 치렀다. 이후 1970년대 중화학공업 우선 정책에 따라 방위산업 정책에 힘이 실리면서 철강산업에도 크게 영향을 끼쳤다. 1970년대 초반 소총, 박격포, 탄약류 같은 기본 병기의 국산화를 목표로 했다. 1973년 제정된 방산물자 및 방산업체 지정 제도와 1983년 시행된 방산 전문화·계열화 제도를 중심으로 꾸준히 성장했다. 현재는 잠수함, 이지스함, 전투훈련기, 헬기, 전차 등 거의 육해공 전 분야에 걸쳐 독자적으로 무기를 생산하고 있다.

방위산업은 세계 어느 나라나 초기에는 국가적인 보호·육성으로 성장했다. 국가가 전략적으로 키운 것이다. 방위산업 기술은 국가안보뿐만 아니라 중요한 경제자원이므로 세계 각국에서는 적극적으로 방위산업 경쟁력 강화에 열을 올리고 있다. 이는 방위산업이 국가안보를 유지할 뿐만 아니라 방산수출을 통해서 고용 증대 및 산업구조 고도화에 기여함으로써 산업 전반에 지대한 경제적 유발효과를 기대할 수 있기 때문이다.

강한 한국의 상징, 해외주둔군사령부

해외파병은 고도의 정치적 행위이다. 국제사회에서 이루어지는 군사적 개입이므로 신중한 접근이 필요하다. 그러나 우리나라 파병 관련 기준이 명확하지 않다는 의견이 있다. 강대국들의 법률을 꼼꼼하게 검토하여 우리 실정에 맞는 해외주둔군에 관한 법률을 제정해야 한다. 국력이 커질수록 세계평화에 대한 책임도 커질 것이고, 국익 증대와 자국민 보호를 위해서도 해외파병은 늘어날 것이다. 법률에는 〈해외주둔군사령부〉 신설을 명시하여 군사적 차원에서 '한국의 세계화'를 지원할 수 있도록 해야 한다.

우리나라의 해외파병 논의는 아직도 UN평화유지활동(PKO)과 다국적군에 의한 파병을 구분하지 않는 경향이 있다. 국내의 부정적 여론을 완화하면서 국가의 신뢰를 높일 수 있도록 하는 방안이 필요하다. 향후 체계적인 UN평화유지활동을 지원하기 위해 해외주둔군사령부를 국방부나 합참본부 직할로 격상하여 운영할 필요도 있다. 사령부가 신설되면 현재 운영하는 해외파병 내용도 달라져야 한다. 유엔이나 동맹국의 파병요청이 있을 때마다 인력을 공모하여 추진할 것이 아니라, 해외파병을 위한 인력을 상시 보유하고 있어야 한다. 해외에 있는 한국의 물질적 자산과 교민들의 생명을 보호하기 위한 최적의 병력이 필요하다.

파병에 관한 법률과 군조직법에 대한 시행령 등을 정비하여 세계 6대 강국으로서 파병 병력을 진두지휘할 수 해외주둔군사령부가 조속히 설치되기를 희망한다. 누군가의 요청에 따라 움직이는 나라가 되어서는 안 된다. 이제 한국은 스스로 지킬 것이 너무 많은 나라가 되었다. 세계 각국에 진출해 있는 재외동포들과 우리 기업들이 해당 국가로부터 위협받지 않도록 해야 한다. 그렇지 못하면 우리의 국익뿐만 아니라 세계경제에도 타격이 올 것이다. 스스로 우리를 지켜야 하고, 세계경제를 지켜야 하기에 이제는 파병을 선택해야 한다. 우리가 세계평화에 기여할 만한 경제적 힘과 군사적 힘을 가진 강대국이라는 점을 잊지 말아야 한다. 그 실질적 대안이 〈해외주둔군사령부〉다.

2. 세계교통관광허브, 교통관광산업부

교통관광산업부
Ministry of Transportation and Tourism
Never Forget Hanjin Shipping & Ferry Sewol

아시아대륙과 태평양을 잇는 물류 대국

남북관계가 어떻게 전개될지 그 누구도 장담할 수 없다. 그러나 남북관계가 호전되어 한반도의 긴장이 완화되고 남북 상호 협력관계가 굳건해진다면 대륙과의 물리적 연결은 꿈에 그치지 않을 것이다. 2018년 국토교통부는 북한의 철도 개선을 위한 조사를 마쳤다. 북한 철도는 중국과 러시아를 통해 대륙으로 연결된다. 경의선이 뚫리면 서울에서 신의주를 거쳐 중국 베이징에 갈 수 있다. 동해선은 유럽까지 이어진다. 북한의 철도개선사업이 현실이 된다면 말 그대로 부산에서 베를린까지 갈 수 있는 육로가 연결되는 것이다. 이를 21세기 남북이 공동으로 만드는 한반도 국제육상교통정책의 시작으로 본다. 태평양에 접해 있는 부산과 목포에서 출발한 기차가 중국과 러시아는 물론 중앙아시아 대륙을 거쳐 대서양의 유럽까지 연결되는 기반 철도가 건설되는 것이다. 남북 및 유라시아 철도를 연결하고 운영하려면 각 정부 간 많은 협의 과정이 필요할 것이다. 이를테면, 철도 인프라 투자 및 관리, 철도차량 형식, 신호 통신 기준, 물리적 표준화, 국제 기관사·관제사 면허 등의 전문인력 확보, 사고 시 대응조치 등 해결해야 할 과제가 많다. 우리보다 먼저 철도 단일화 지역(Single Rail Area)을 실현한 EU의 사례를 참고할 필요가 있다. EU는 유럽교통장관회의(ECMT : European Conference of Ministers of Transport)를 창설하여 공동 철도정책(Common policies), 철도협정(Agreemnts), 지침(EU Directives) 등 제도적 장치를 만들어 추진했다.

1905년 미국의 라이트 형제(Wright brothers)가 최초로 동력 항공기 비행에 성공한 이후 항공산업은 세계를 연결하는 교통수단으로 눈부신 성장을 했다. 공항도 제1세대 공항(터미널과 활주로 등 기본시설만 구비), 제2세대 공항(주변에 일부 복합시설 배치) 발전단계를 넘어, 이제는 제3세대 공항(관광, 첨단산업, 물류, MRO 등 산업융합 경제권, 즉 공항 경제권)을 선점하기 위한 글로벌 경쟁이 치열하다.

인천공항은 지리적으로 동북아 중심에 있다. 비행거리 3시간 이내에는 100만 명 이상의 인구를 가진 도시가 150여 개나 된다. 17억 명에 가까운 인구가 사용할 수 있으니 말 그대로 허브공항인 셈이다. 북한의 영공까지 열리면 인천공항은 태평양과 아시아, 유럽, 미주를 잇는 최고의 허브공항이 된다. 4개의 활주로를 가지고 있는 인천공항은 수년 내에 용량한계에 도달할 것이고, 제5 활주로 완공 이후에는 더이상 건설할 부지가 없으므로 성장한계에 봉착할 수밖에 없다. 여기에 남북관계가 개선되어 북한영공이 열리게 된다면 비행금지구역인 영종도 북쪽 휴전선 인근까지 공역사용이 가능하게 되므로 공항 처리용량이 대폭 증가할 것이다. 그래서 인천공항은 아시아 허브공항이 아니라 세계 허브공항 전략을 미리 세워야 한다. 이를 기반으로 하는 항공기제조업을 포함한 항공산업을 발전시킬 빅 피처가 필요한 시점이다.

해양물류 복원 그리고 글로벌 해양관광의 시작

더 중요한 것은 해양물류와 해양관광시장이다. 그간 사용하지 않았던 북극해를 사용해 물류와 관광을 할 수 있다. 현재 크루즈 관광시장은 지중해와 카리브해를 중심으로 활성화되어 있다. 한반도 인근 해상을 개방하면 싱가포르, 상하이, 신의주, 인천, 부산, 원산, 블라디보스토크로 이어지는 세계 최대 규모의 황금 해양노선이 생긴다. 한국은 육상, 항공, 해상을 망라하여 교통 물류의 중심이자 최대 규모의 교통허브 국가가 되는 것이다. 그러나 우리는 지난 정부 때 중요한 해양물류 기업 하나를 잃어버렸다. 바로 한진해운이다. 많은 관련 학자들이 한진해운만큼은 국가적 사업으로 인식해야 한다고 주장했지만, 정부의 무관심으로 인해 결국 개별기업의 문제로 치부되었다. 가장 큰 규모의 해양물류 기업을 잃어버리고 국토교통부, 해양수산부 등 각 부처는 자신의 책임이 아니라는 책임소재에 대한 논란으로 그치고 말았다. 조선업의 재기 여부도 경제계의 중요한 뉴스 중 하나다. 최근에 다시 수주액 기준 1위를 탈환했다고는 하지만 마냥 반길 수만은 없다. 이미 수요가 가장 큰 해운기업 하나를 잃어버린 후이기 때문이다.

세계적 규모의 글로벌 물류국가를 지향한다면 국가적 과제로 정부기구를 정비하는 일부터 해야 한다. 현행 조직인 국토교통부만으로는 이 문제에 적극적으로 대처할 수 없다. 국토교통부의 전신은 교통부였다. 1948년에 국토부, 1962년에 건설부가 만들어진 후 1994년 건설교통부로 통합되었다. 2008년에 건설교통부와 해양수산부를 통합하여 국토해양부가 되었고, 2013년에 해양수산부와 다시 분리되어 현재의 국토교통부로 이어지고 있다. 글로벌 물류의 트렌드는 포장, 운송, 보관, 하역 등 생산에서 소비까지 통합하는 공급망 관리(SCM : Spply Chain Management)이다. 이런 시각에서 볼 때, 우리의 사고는 아직도 단순한 교통 중심의 물류정책에 멈춰 있는 듯하다. 글로벌 물류국가가 지향하고 있는 육상, 해상, 항공이 하나가 되는 통합교통물류(Intermodalism)체계로 발전하는 추세에 역행하고 있다.

뿐만이 아니다. 국토교통부는 국토의 체계적인 개발과 보존, 교통물류체계 구축 등의 사무를 관장한다. 국토 업무와 교통 업무는 사업 성격이 현저하게 다르다. 국토 업무는 주로 부동산정책과 토지이용 등의 규제정책이고, 교통 업무는 가장 역동적으로 움직이는 교통물류를 다룬다. 이질적인 것을 통합시키다 보니 한 지붕 두 가족이 되었다. 문화체육관광부도 마찬가지다. 문화·체육·관광은 관념적인 연결고리만 있을 뿐, 현실적이지 못하다. 관광 분야에서 가장 많이 차지하는 원가는 교통수단이므로 교통부와 관광부를 연결해야 산업적 가치가 커진다.

교통과 관광의 결합 그리고 새로운 일자리

교통은 공공교통 수준에 머물러서는 안 된다. 산업적 측면에서 바라보고 국가 간 이동정책을 수립해야 한다. 실제로 교통산업과 관광산업은 많은 일자리를 창출할 수 있는 시너지 효과가 큰 산업이다. 그러나 국가가 교통을 국토의 하위개념으로, 관광을 문화 체육의 하위개념으로 분류하여 맨 끝자락에 두었기 때문에 교통과 관광산업이 산업적 시너지를 만들지 못하고 있다. 특히 항공산업의 경우는 우리나라가 교통허브가 되었을 때 많은 새로운 일자리를 창출할 수 있을 것으로 전망된다. 현재 국내 민간항공사 항공기 등록 대수는 총 443대(2019년 기준)로 전체를 합쳐야 에어프랑스 302대(2019년 기준)를 조금 넘는다. 경제규모 세계 10위, 태평양과 아시아 대륙의 허브국가라고 불리기에는 부족하다. 대부분의 항공사는 높은 리스료를 내면서 외국 리스기업을 통해 항공기를 들여오는 형편이다. 국내 금융자본이 해외 리스기업에 투자해서 일부의 차익을 가져올 뿐이다. 이제 한국도 리스 전문기업을 키울 때가 되었다고 본다. 미래에셋대우가 항공기 리스사업을 위해 싱가포르에 법인 설립을 추진한 적은 있으나, 항공업계가 코로나19의 직격탄을 맞으면서 사업 전망이 어두워져 중단한 상태에 있다. 지금 상황에서는 어렵겠지만 항공 리스산업을 포함한 교통 관련 금융산업의 기초를 정비할 필요가 있다.

우리나라가 글로벌 국가로서 유라시아 대륙의 물적·인적 교류와 협력을 선도하기 위해 가장 먼저 확보해야 하는 것은 편리하고 안전한 물류체계이다. '교통관광산업부'는 국토교통부의 교통과 문화체육관광부의 관광만 합치는 물리적인 통합에 그쳐서는 안 되고, 산업 육성 측면까지도 고려해야 한다. 항공부문을 예로 들어보자. 교통 허가에 관한 것뿐만 아니라 항공기제조업, 드론제조업, 항공스포츠업, 항공서비스산업 등 연관 산업을 포함한 전략산업을 육성하고, 그에 따른 일자리 창출 등 포괄적 정책구조를 가져야 한다. 철도도 마찬가지다. 운송시설에서부터 운송서비스업에 이르기까지 직·간접 산업의 통합구조를 구축해야 한다. 그리고 우주항공산업도 교통관광산업의 한 분야로 전문화해야 한다. 현재 우주산업 분야는 로켓발사체 등의 개발은 산업부에서 맡고 있고, 전반적인 연구개발 부분은 과학기술부가 맡고 있다. 미국의 벤처기업 경영자인 일론 머스크(Elon Musk)는 민간 우주여행사업자로서 우주여행에 대한 시범운영을 마쳤다고 한다. 조만간 우주여행은 새로운 관광산업의 영역에 들어갈 것이다. 이 부분에 있어도 선제적으로 대응이 필요하다. 그러려면 교통관광산업부의 항공정책실을 우주항공정책실로 바꾸고, 최소한 우주선 개발 및 우주선 운영에 대한 업무영역을 신설하고, 이 부분에 대한 제도화를 선도할 필요가 있다.

세월호, 4.16 해양안전의 날

2014년 4월, 우리는 큰 해양사고를 겪었다. 세월호 사고는 연근해 해역에서 일어나기 어려운 큰 사고였다. 2021년 1월, 책임자처벌에 대한 특별수사단 발표가 있었으나 새롭게 기소된 내용은 없었다. 참사 7년 만에 진상규명을 위한 특별검사가 진행 중이다.

우리는 아직도 어떤 재해문제가 발생하면 시스템 개선에 대한 문제를 논하기보다는 사람을 상대로 분노하며 책임자 처벌이라는 감정적 한계에서 벗어나지 못하고 있다. 세월호 참사 사고 역시 이 범주에서 벗어나지 못한 것 같다. 이성적으로 접근해야 교훈을 얻을 수 있다. 세월호를 통해 얻어야 할 교훈은 바로 '해상안전'이다. 국가의 책임은 국민의 안전을 담보할 수 있는 제도와 기술을 개발하는 것이다. 다시는 이런 사고가 일어나지 않도록 사고 가능성을 미연에 차단하는 것이 세월호 사고로 유명을 달리한 학생들과 부모, 국민에 대한 최소한의 예의다. 따라서 정부는 해양물류시스템, 조선산업 기술개발, 해양 안전기술 등의 전 분야를 망라하는 교통관광산업부를 설치하여 업무영역을 통합·확장하는 혁신을 이뤄야 한다. 그리고 세월호 참사 발생일을 '해양안전의 날'로 정하여 국가가 해양안전을 위해 무엇을 했는지를 매년 국민에게 보고하는 시간을 갖도록 하자. 해양안전의 날에는 해양사고 예방을 위해 공을 세우거나 희생정신을 발휘하여 인명을 구한 사람, 해양안전 기술을 개발한 엔지니어, 해양안전 사고 예방을 위한 운동가 등을 대상으로 시상하는 것도 의미가 있을 것이다.

3. 식량안보와 글로벌식품시장, 해외농업지원청

해외농업지원청
Korean Foreign Agricultural Service

식량안보에 직면하다

코로나19로 영향을 받지 않은 곳이 없고, 농·어업 분야에서도 생산량 감소로 걱정이 많다. 세계적으로 감염병이 돌면 노 활동인구가 줄어들고 인류가 먹어야 하는 식량자원의 총량도 줄어들 수밖에 없다. 세계 식량 관련 기구들은 식량위기 현상에 대응할 방법을 찾고 있으나 세계 곡물시장이 큰 타격을 받을 것이라는 예상은 거의 확실하다. 방제를 위한 인구이동의 제한으로 인한 생산량 저하는 물론 육·해상운송, 하역, 보관, 유통 등의 작업에는 대규모 노동력을 동원해야 하는데 곡물시장에 필요한 노동력 확보가 어렵게 되었다.

감염병이 발생하면 대부분 국가에서는 가장 먼저 식량자원을 보호하는 조치를 한다. 해외 곡물시장이 위축할 것에 대비해 적극적인 비축정책을 펼치기 때문에 농산물의 수출입 자체가 자유롭지 못하게 된다. 물량도 급격하게 줄어들어 가격이 급등할 가능성이 크고, 이는 악순환을 가져온다. 세계 농업학자들은 코로나 사태 관련 문제 중 식량문제가 가장 중요하다면서 안정적인 식량공급과 식품 시스템 구축을 위해 농업 디지털기술을 이용하여 충격을 완화해야 한다는 주장하고 있다. 식량문제를 해결하기 위한 다른 방법을 찾아보자.

해외농업의 선택, 3가지 확실한 목표

해외농업개발사업의 주목적은 자급률이 낮은 곡물의 안정적인 공급망을 확보하는 것이다. 이제 선택의 여지가 없다. 아래 세 가지 이유에서 반드시 〈해외농업지원청〉이 신설되어야 한다. 첫 번째는 해외농업투자를 통한 안정된 식량자원의 확보이다. 둘째는 해외농업투자 확보로 세계식품시장에 도전하는 것이다. 셋째는 우리의 농생명 관련 산업을 세계화하는 것이다.

일본 농축산물 수입의 30%는 일본의 해외 농수축산 기지에서 생산한 것이다. 우리도 그렇게 해야 한다. 한발 더 나아가 해외 생산현장에서 곧바로 수출할 수 있을 만큼 규모를 확대할 필요가 있다. 예를 들자면, 대목장이 있는 미국 텍사스주에 우리의 농생명 산업기술을 접목하고, 우리가 구축한 관리시스템으로 한우 목장을 운영하여, 우리 도축시스템으로 도축하고 가공한 축산물을 국내로 가져오는 것이다. 해외에 진출한 우리의 자본과 인력이 벼를 재배하여 한국에 들여오거나 해외 생산현장에서 다른 나라로 수출도 하자는 것이다. 일본처럼 본격적인 해외 농수축산 기지를 만들어야 한다. 일본은 일찍부터 식료·농업·농촌기본법을 근거로 '해외농업개발협회'를 설립하고, 농림성 예산을 투입해 해외농업 생산기지 구축을 지원해오고 있다. 이렇게 확보한 해외농장 규모만도 일본 경지면적의 3배 정도가 된다.

식량안보를 논하면서 우리는 미국의 다국적 종자회사인 '몬산토(Monsanto)'와 전세계 곡물시장의 40%를 점유하고 있는 '카길(Cargill)'의 자본을 두려워만 하고 있다. 막강한 곡물 메이저의 영향력을 '악'이라 칭하며 고작 농산물시장 개방을 반대하는 논리로만 활용할 뿐 극복 대안은 없다. 이미 독일의 알프레도 퇴퍼, 이탈리아의 페루찌, 중국의 화싱, 벨기에의 인터콘, 네덜란드의 슈텐, 태국의 크론, 캐나다의 아그로 등이 국제 곡물시장에서 활동하고 있다. 일본의 곡물회사들은 메이저의 영향력이 미치지 않은 지역을 중심으로 사업영역을 확장하는 전략을 구사하고 있다. 우리는 어떻게 해야 할까? 국제적 곡물회사 육성을 통해 곡물 수급 기능을 높이면서 가격 변동의 충격을 흡수할 수 있는 능력을 키워야 한다. 문제를 알고 있다면 해결하려는 목표와 전략이 필요하다. 카길을 비롯한 메이저 곡물회사는 주식시장에 상장하지 않았기 때문에 투자하기가 쉽지 않다. 차하위 메이저 기업이나 협동조합과 같은 농민단체에 우리나라 농민단체가 직접 투자하는 방법 등을 고려해볼 만하다. 태국에도 굴지의 곡물 메이저가 있다는 것은 우리에게 좋은 자극이 될 것이다.

세계적인 곡물 유통법인에 투자하여 그 이익을 나누는 방안, 선키스트(Sunkist)나 돌(Dole)과 같은 다국적 식품기업과 협력하여 자본을 투자하는 방안, 우리 농협이 제3국에 공동으로 대형유통기업을 설립하는 방안, 해외 목축과 농산물 재배 방안에 이르기까지 전체를 아우르는 마스터플랜이 필요하다.

농생명산업 연구인프라, 농촌진흥청

이명박 정부 때 정부 부처와 공공기관에 구조조정 바람이 거세게 불었다. 그때 논의만 하다 결국 흐지부지된 기관이 두 개가 있었는데 하나는 정부 부처인 '농촌진흥청'이고, 다른 하나는 공공기관인 '코트라(KOTRA)'다. 농촌진흥청에 대한 정부의 논리는 경영합리화와 시대적 과제의 부적합성에 있었다. 농촌진흥청은 농업기술이 없던 시절이나 식량자원 확보를 위해 필요했던 기관이라는 것이다. 이제는 사기업에서 종자부터 동물 약품까지 챙기고 있어서 굳이 국가기관으로 둘 필요가 없으므로 출연 연구기관으로 전환하자는 내용이었다. 농산물개방으로 직격탄을 맞은 농민들이 '기술 방패'마저 빼앗길 수는 없다며 농민들의 자존심을 걸고 반발했다.

폐지와 존치 사이에서 뜨겁게 논쟁이 벌어졌고, 정부에서는 어떻게 하지 못했다. 서구사회의 경우에는 농업관련 기관들이 민간부분으로 넘어가서 농촌진흥청과 같은 대규모 국가 공공기관은 찾아보기 어렵다.

1962년에 설립된 농촌진흥청은 식량자급화가 시급했던 당시에 '보릿고개'로 대표되는 한국의 빈곤문제를 극복하기 위해 통일벼 등의 종자 생산으로 쌀 자급자족을 달성하며 '녹색농업혁명'의 길을 여는 데 선도적 역할을 했다. 1980년대에는 '백색혁명'이라 불리는 비닐하우스 재배기술을 성공시켜 계절과 상관없이 언제나 비타민을 공급받을 수 있도록 했다. 이런 농업 신기술은 한국 농업의 고질적 문제인 계절성을 극복하는 데 크게 기여했다. 2000년대 이후로는 농업분야의 융복합 '지식혁명'과 친환경 등 '가치혁명'을 이룩하기 위해 연구역량을 집중하고 있다. 이런 농업연구기관이 공공분야로 남아 있기에 해외농업이 가능하다고 본다. 농업의 해외진출은 현지 기후에 맞는 종자개발과 해충 처리 방법 등 다양한 기술이 수반되어야만 가능하다. 농업분야에 '농업토목공학'이라는 별도의 분야가 있는 것도 토목기술 없이는 농업이 불가능하다는 것을 말해 준다. 농업은 인간이 만든 모든 학문과 과학기술이 종합되어있는 산업이다. 그런 총합체인 농촌진흥청은 한국이 세계농업을 향해 나아가는 데에 매우 중요한 기반이 될 것이다.

해외농업개발 및 농생명산업 해외진출 지원에 관한 특별법

한국은 새로운 시장과 새로운 산업의 시작을 위해 다양한 전략을 구사할 수 있는 자원과 자본을 소유한 나라다. 이제는 농업에도 공격적인 전략이 필요하므로 하루라도 빨리 세계농업전략을 진두지휘하는 〈해외농업지원지원청〉을 건설해야 한다. 정부는 그동안 해외농업·산림자원개발협력법을 통해서 해외농업을 제도화했다. 하지만 규모도 작고, 농산업의 동반 지출에 대한 법제화가 부족하다. 2020년 세계는 코로나로 인해 경제에 막대한 타격을 입었고, 한국도 예외는 아니다. IMF 이후 두 번째로 수출 뒷걸음질 치면서 GDP는 마이너스 성장을 했다. 하지만 식품 산업 수출은 30% 넘게 성장했다. 한국의 식품문화가 세계화의 바람을 타고 있어 K-food 시대가 열린 것이다. 이러한 상황에서 만약 세계적인 곡물 공급 네트워크에 타격을 입는다면 식품산업 역시 흔들릴 수 있다. 식품산업을 안정화하기 위해서라도 해외농업을 통한 농산물 조달이 필수이다. 그래서 이를 총괄할 〈해외농업지원청〉과 함께 가칭 '해외농업개발 및 농생명 산업 해외 진출 지원에 관한 특별법'을 제안한다.

새로운 세계농업정책을 추진할 때 유념해야 할 부분이 있다. 그간 서양의 국가들은 대규모 플랜테이션, 노동력 착취가 중심을 이루는 식민농업 정책이었다. 우리는 그 모델을 가져오는 것이 아니라 공정무역과 같은 전혀 새로운 모형을 개발해야 한다. 예를 들어 한국의 청년농부와 해외농민과의 조합결성이나 포용적 세계농업정책도 함께 개발하는 방법이 있다. 이미 농진청에서는 ODA 사업(개발도상국의 개발을 주목적으로 하는 재원의 공적 개발원조)을 통해 많은 해외농업기술개발 경험과 기술, 인프라 및 네트워크를 축적하고 있다. 이를 적극적으로 활용하면 ODA 협력대상국의 농업발전에 기여함과 동시에 국내 식량안보에도 기여할 수 있다. 지속가능한 협력국의 농업발전을 위해서는 단편적이고 일회적인 시설구축이나 인프라 지원보다는 체계적이고 효율적인 농업기술의 전수가 더욱 효과적이다.

4. 세계로 가는 기업과 청년, 해외투자청

KOIA

해외투자청
Korean Overseas Investment Agency
Never Forget Resource Diplomacy

단순 상품수출에서 실질적인 해외투자로

해외경영의 역사가 긴 구미의 국가들은 해외에 상품을 수출한 다음, 그 상품을 할부로 살 수 있도록 다양한 금융상품을 지원한다. 구매할 수 있는 금융환경을 만든다는 것은 수출 관련 금융산업투자와 법률산업을 뒷받침한다는 뜻이다. 우리나라는 아직도 물건을 수출하는 것으로 끝내버리는 전근대적인 무역방식을 취하고 있다. 동남아를 비롯하여 한국인들이 사업을 많이 하는 곳에는 한국의 은행들이 지점 형태의 해외 현지법인 등을 두고 있기는 하다. 현지인을 대상으로 하는 대출사업이나 법률사업에 몇몇 캐피탈 업체가 진출하고는 있으나 아직은 부족하다. 국가가 지원하는 수출지원기관이 있다고는 하지만 산업화시대에나 유효했던 '코트라' 한 개만 있을 뿐이다. 공적 해외투자금융도 해외금융상품을 매입하는 '한국투자공사' 정도만 운영하고 있다. 이것만으로는 한국기업의 해외진출은 물론 현지 한인기업에 직접적인 도움을 주기는 어렵다. 이런 상태가 유지된다면 한국기업의 해외진출 경쟁력, 해외한인사업, 해외투자금융상품의 국제경쟁력은 계속해서 뒤처지게 될 것이다.

투자유치와 해외투자는 균형을 이루어야 한다.

한국은 오랫동안 국가자본력이 약했기 때문에 해외투자유치가 중요한 해외금융정책이었고, 지금도 그렇다. 그래서인지 해외로 우리 자본이 나가는 것에 대해 국민적 거부감이 있다. 국내자본의 해외유출에 대해 안 좋은 기사들이 많았던 탓도 있다. 기업에서 해외로 자본을 빼돌리기는 경우가 허다했고, 언론에서 이를 부각하다 보니 국민의 인식이 부정적일 수밖에 없었다. 정부도 역시 해외자본 유출을 감시대상으로만 인식했으나 이제는 달라지고 있다. 자본의 해외유출이 아니라 자본의 해외투자다. 기업의 직접 시설투자, 자본투자의 형식은 일상적인 경제활동이다. 해외투자는 해외투자유치와 마찬가지로 국가경쟁력을 높인다는 금융투자의 관점에서 바라보아야 한다. 그래서 이를 지원할 수 있는 '해외투자청'이 필요하다.

해외투자에 대한 정밀한 시스템이 없어서 당했던 어처구니없었던 사건이 있었다. 새 정부가 들어설 때마다 국가차원의 사기극 피해가 있었다. 어떤 정부는 해외기업 신용정보가 부족해서 러시아철도 투자, 무기구매 사기를 당했다. 어떤 정부는 핵심 국정과제로 자원외교를 부르짖으며 유전개발, 광산개발에 국가의 재정·행정·인력 등을 총동원했으나 나랏돈 31조 원은 연기처럼 사라졌다. 해외 직·간접투자 전문시스템이 없었기 때문에 국가가 지불해야 했던 수업료라고 하기에는 너무 피해가 컸다. 이제 그간의 실패를 반면교사 삼을 때다. 해외기업에 대한 정확한 신용평가, 매각 기업에 대한 정확한 자산가치평가를 담당할 책임 있는 기관으로 '해외투자청'의 신설을 다시 한번 제안한다. 해외투자청은 다음과 같은 일을 담당해야 한다.

해외투자청의 역할

첫째, 해외자원과 기업에 대한 신용평가 및 조사에 관한 업무를 한다. 업무내용은 우리 기업이나 국가가 투자하려고 하는 자원과 기업에 대한 구체적인 가치를 산정하는 것이다. 둘째, 해외투자기업에 대한 금융지원업무를 한다. 선진국들은 제품만 수출하는 것이 아니라 금융과 법률 관련 서비스업도 함께 진출시키는 것이 일반적이다. 구매금액을 한꺼번에 내거나 상환하기가 어려운 경우를 대비한 것이다. 구매지원 서비스가 원스톱으로 이루어졌을 때라야 세계경영의 틀이 갖춰진다. 셋째, 해외진출인적 자원양성 및 성공지원 업무를 한다. 최근 정부는 아세안 국가들과의 교류협력

을 강화하여 우리 국민과 기업들의 해외진출을 확대하고자 하는 '신남방
정책'을 추진하고 있다. 이 과정에서 청년과 중년들의 아세안 진출을 권했
으나, 해외취업을 도와주는 세밀하고 구체적인 정책적 지원내용은 빠져있
다. 현지 기업들과의 연결고리, 취업 전 교육지원 등의 준비도 부족했다.
해외취업의 경우는 현지 상황의 위험성에 대비하거나 극복할 수 있는 단
계별 지원방안이 마련되어 있어야 한다.

현재 국내 취업시장이 포화상태이고, 국내창업은 기존 자영업과 겹칠
수밖에 없으므로 빨리 해외로 발길을 돌려야 한다. 성장기반을 다지고 있
는 개발도상국에는 많은 기회가 있다. 그리고 우리에게는 청년들의 해외
성공 모형이 필요하다. 박근혜 대통령이 중동을 방문했을 때, 젊은이들의
중동진출을 독려했다가 냉소적인 반응을 받은 적이 있다. 아버지 시대와
같이 20세기 시각으로 해외진출과 해외취업을 생각했던 모양이다. 무작
정 해외로 가라고 할 것이 아니라 일할 수 있도록 다양한 업종을 개발하는
등 최소한의 환경을 조성해 주어야 한다.

한국은 반도국가다. 해외가 없이는 존재하기가 어렵다. 우리 이민 1세대
는 궁핍하고 고통스러웠다. 하지만 이제는 충분한 자본이 있고, 현지의 언
어가 가능하며, 도전정신이 충만한 청년들이 있다. 우리에게 필요한 것은
20세기형 일자리가 아니라 21세기형 일자리가 필요하다. 우리 청년들의
실력과 능력에 맞는 일자리를 찾고 만들어주어야 한다. 해외투자청이 그
역할을 할 수 있게 되기를 기대한다.

5. 세계국가 그리고 분권국가의 상징, 대한민국상원

세계의회제도, 대한민국상원

균형발전을 핵심과제로 추진하던 참여정부 시기, 수도권 개발 집중 방지와 국가균형발전을 위해 양원제(국회를 상원과 하원 등 2개 합의체로 구성하는 의회제도) 도입을 검토한 적이 있었다. 인구수에 따라 국회의원을 뽑는 단원제 체제는 전체 국회의원 중 절반 이상이 수도권에 집중될 수밖에 없다는 이유에서다. 상원은 지역별로 일정 수의 의원을 배정하고, 하원의원은 인구비례로 의원 수가 정해진다. 따라서 양원제를 선택하면 하원을 통해 인구가 적은 지역의 정치적 의견을 반영할 수 있으므로 인구비례로 하원을 뽑되 지역마다 동등하게 상원의원을 배분하자는 것이 상원제 신설 방안의 골자였다. 세계적으로 볼 때 양원제보다 단원제를 채택한 나라가 많기는 하지만 선진 민주국가 중에는 단원제보다 양원제 의회가 더 많다. 양원제도는 국회의 부당한 의결을 피하고, 다수당의 전제를 방지할 수 있다는 장점이 있다. 비교적 노련하고 원만한 인물을 상원으로 선출하면 정부와 국회의 충돌을 완화할 수도 있어서 여러 민주국가에서 양원제도를 채택하고 있다. 결과적으로 상원제는 검토 수준이 그치고 말았으나, 양원제도와 단원제도의 장단점에 대해서는 아직도 논의가 분분하다.

이제는 단순한 국가의 균형발전을 넘어 세계시장을 상대로 '새로운 세

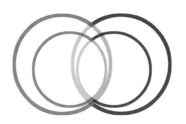

대한민국상원
Glocal Senate

계국가 모델'을 생각해보아야 할 시기가 왔다. 한국은 글로벌경영이 없이는 살아갈 수 없을 정도로 글로벌 의존도가 높은 나라이기 때문이다. 현재 한국은 저출산 국가 세계 제1위다. 중국 마오쩌둥이 말한 대로 인구수가 곧 국력일 수는 없으나 출생률 저하로 심각한 문제를 안고 있는 것은 사실이다. 게다가 블록체인기술을 이용한 가상국가가 등장하여, 거실에 앉아 국적을 갈아타는 일이 생기기도 한다. 여러모로 볼 때 미래에는 아마도 국가라는 단위체계를 구성하는 요소에 많은 변화가 있을 것이다.

한국은 세계 10위의 경제대국으로 성장했고, 수출로는 세계 7위이다. 전 세계에 나가 있는 재외교포들도 경제적인 성장동력이 되었다. 해외에서 역량을 펼치고 있는 기업이 있는가 하면 각국 140여 개 도시의 한인기업에 한국 청년들의 일자리를 알선하는 협회도 있다. 재외교포는 750만 명으로 부산과 인천, 울산광역시 인구를 합한 숫자와 같다. 이들에게도 재

외동포의 권익을 보호하고, 조국인 대한민국의 의사결정에 참여할 수 있
도록 기회를 주자. 그러기 위해서는 새로운 관점의 상원제를 고려해 볼 필
요가 있다. 프랑스는 총 의석 577석 중 12석을 해외동포사회에 배정하고
있고, 이탈리아와 크로아티아 등의 유럽국가와 알제리를 포함한 아프리카
4개국과 대만을 포함한 아시아 3개국 등에서 비례대표 형식으로 교포 국
회의원을 두고 있다. 우리도 대륙별로 상원의원을 배정하면 어떨까? 여기
에는 해외선거구 제도, 국적법 등의 다양한 법률과 단계적 검토가 필요하
다. 우선은 특별위원회와 같은 성격으로 시작하고, 점차 의원의 지위를 확
보하도록 하는 단계적인 장치도 고려할 수 있을 것이다. 그리고 이러한 양
원제는 국내 정치적 목적이 아니라 세계전략을 목적으로 해야 한다. 글로
벌 전략을 위한 중요한 의사결정이 재외동포 그룹에 의해 결정되는 구조
를 갖게 된다면 향후 글로벌시장 경쟁력 부분에서 큰 의미가 있을 것이다.

세계 최초로 자국민의 범위를 확장하여 '세계의회'라는 제도를 만들자.
재외교포를 국민으로 인정하면 인구수는 물론 실질적인 경제활동인구로
활용할 수 있다. ICT의 발달로 '세계의회' 성립은 가능할 것으로 보이며,
재외한국인 대표들로 구성된 네트워크를 통해 실시간 정보를 공유하는 것
도 국가전략 중의 하나로 활용해야 할 것이다.

750만 재외동포의 공공허브, 재외동포청

우리의 이민사를 간단하게 정리해보자. 재외 한인의 역사는 19세기 중

재외동포청
Overseas Koreans' Office
Remember The Dedication Of Koreans Overseas

엽부터 시작되었다. 유대인이나 중국인 등의 이민에 비하면 비교적 짧은 역사를 가졌으나 미국, 캐나다, 일본, 중국, 독립국가연합, 호주, 멕시코, 브라질, 아르헨티나처럼 다양한 정치경제체제에 진출하여 다양한 형태로 적응한 민족은 그리 흔치 않다. 한일 강제합병이 일어난 해까지는 농민과 노동자들이 빈곤과 압정을 피해서 국경을 넘어 중국, 러시아, 하와이, 멕시코, 쿠바로 이주하였다. 중국의 만주와 러시아 연해주로 이주한 한인들은 농지를 개간했고, 중국과 러시아는 오랫동안 한국독립운동의 요람이 되었다. 미국에서는 하와이 사탕수수 농장에서 계약노동자로 일하면서 이민 가정을 형성했는데, 그들 이주 전에 미국에 들어간 사람으로는 서재필, 안창호와 같이 개화의 초석을 다지는 데 지대한 공헌을 한 선각자들이 있다. 중남미국가 중 멕시코에는 농장의 계약노동자로 갔다가 일부가 경제난을 피해 쿠바로 재이주하였다. 이들은 모국과의 연계가 끊어지자 아주 작은 공동체를 유지하다 현지 사회문화에 급속히 동화했다.

일본으로부터 독립한 해까지는 만주와 일본으로 이주한 노동자가 많았다. 정치적 난민들과 독립운동가들이 중국, 러시아, 미국으로 건너가 독립운동을 전개하기도 했다. 중일전쟁과 태평양전쟁을 계기로 대규모의 한인들이 광산, 전쟁터로 끌려가면서 재일 한인의 규모는 급속히 증가했다. 이후 한국전쟁에서 발생한 전쟁고아와 미군과 결혼한 여성 사이에서 태어난 혼혈아의 입양이 이루어졌고, 학위 취득 및 연구를 위한 유학 목적으로 미국과 캐나다로 이주했다. 미국의 이민 문호가 개방되자 일부 한인 여성들은 가족을 초청했고, 학업과 연구를 마친 상당수는 귀국하지 않고 미국에 정착했다.

1962년 남미, 북미, 서유럽, 중동지역으로 집단이민과 계약이민이 시작되었다. 목적은 잉여인구를 외국으로 내보내 인구 압력을 줄이는 한편 해외에서 외화를 벌어들이기 위한 것이었다. 브라질, 아르헨티나, 파라과이, 볼리비아 등에서 농장을 개간하다가 도시로 나가 상업에 종사하는 사람도 생겼다. 유럽의 경우는 독일 파견 간호사와 광부, 유학생, 주재원들을 중심으로 이민사회가 형성되었다. 고등교육을 받은 전문직 종사자들은 미국과 캐나다 이민을 원했고, 1997년 외환위기 때는 캐나다, 호주, 뉴질랜드의 이민 증가와 함께 사업이주와 취업이주가 증가했다. 현재는 산업화에 성공, 경제강국으로 부상하면서 대기업의 해외주재, 유학과 연수, 해외취업 등의 목적으로 해외로 나가고 있다.

1905년 4월, 1천여 명의 한국인들은 큰돈을 벌 수 있다는 꿈을 안고 제물포항에서 배를 탔다. 우리가 알고 있는 그 '애니깽(Henequen)'이다. 멕시코의 용설란 농장에서 4년간 일하기로 계약한 최초의 이민자 그룹이다. 노예 취급을 받으며 비참한 생활을 하면서도 고국에 돌아갈 날만을 기다렸으나 한일 강제합병으로 대한제국 여권은 무용지물이 되고 말았다. 고국에 돌아오지 못하고 농장주를 따라 쿠바로 떠나거나 멕시코 전역에 흩어져 살게 되었다. 쿠바로 간 사람 중에는 지독한 가난 속에서도 끼니때마다 쌀 한 줌씩을 모아서 임시정부의 독립운동자금으로 보낸 사람들도 있었다고 한다. 그들이 이렇게 모은 금액 규모는 〈백범일지〉에 나와 있다. 쿠바 이민 한인 1세대로 조국의 독립운동을 이끈 대표적인 독립운동가는 임천택 선생이다. 그는 한인 조직을 만들고 '민성국어학교'를 세워서 쿠바 한인들에게 조국의 언어와 풍습을 가르치며 민족혼을 일깨웠다. 독립자금을 모금해 임시정부에 군자금을 지원하며 민족운동과 독립운동에 헌신했다. 이런 아버지를 보고 자란 아들 임은조(쿠바명 : 헤르니모)는 쿠바 한인으로는 최초로 아바나 법대에 입학했고, 체 게바라와 피델 카스트로와 함께 쿠바혁명에 가담하여 쿠바혁명을 성공으로 이끄는 데 큰 역할을 담당하기도 했다. 혁명 후 체 게바라가 산업부장관으로 있을 때는 관리부서 일을 맡아 그를 가까이에서 보좌했다. 쿠바혁명과 산업에 기여한 공로로 9차례나 훈장을 받았다.

115년이 지난 지금, 멕시코로 갔던 '애니깽'의 후손은 6세대까지 내려왔다. 하지만 한인들의 역사를 상징할 만한 상징물이나 상징공간은 부족하다. 반면 쿠바의 일본인들은 아바나(Habana)시에 이민 시조의 동상을 세워 쿠바에서 생활한 일인에 대한 역사를 기리고 있고, 중국인들은 공동묘지를 따로 마련했다. 같은 시기에 이민을 왔으나 한인은 일본인과 중국인에 비하면 규모가 작았고, 더욱이 식민국가의 이민자라서 부족한 점도 어려운 점도 많았을 것이다. 그럼에도 불구하고 위대한 혁명 영웅이 나왔고, 한인들이 중요한 역할을 했다는 기억을 그 나라에 심어주었다. 늦은 감이 있으나 이제라도 우리의 이민역사와 이민자의 역할을 제대로 관리할 수 있는 국가가 되어야 하지 않을까.

인도네시아 독립영웅의 묘역에 안장된 한국인은 전북 완주군 삼례읍 출신의 양칠성이다. 일본이 인도네시아를 점령하자 양칠성은 일본군의 연합군 포로감시원으로 1942년 인도네시아에 왔고, 1945년 일본이 패전한 뒤에는 인도네시아 독립군에 합류해 '폭탄 전문가'로서 네덜란드군에 대항했다. 1948년 부대원들과 산에서 게릴라전을 모의하던 도중, 네덜란드군에 체포되어 주민들이 보는 앞에서 총살되었다. 그의 공적은 그가 사망한 지 26년 만에 인도네시아군의 고위장성이 된 옛 독립운동 동료들의 노력으로 세상에 알려졌으며, 인도네시아 정부는 그를 외국인 독립영웅으로 공인하였다. 인도네시아 수도 자카르타의 칼리비타 국립묘지에 안장돼 있으나 역사적 상징물은 아직 없다. 최근 인도네시아는 정부가 인정한 독립영웅 양칠성의 이름을 붙인 도로를 조성하겠다는 계획을 밝혔다.

우리나라의 자발적 이민역사는 그리 길지 않고, 대부분은 강제이민이다. 삼국시대 고구려와 백제 유민들을 중국으로 이주시킨 일이 강제이주사의 대표적인 예다. 근현대 이민사의 시작은 조선시대 후기로 국내에서 살기 힘들었던 사람들이 국경과 마주한 만주와 연해주로 이주하기 시작했다. 이후 서구 각국과 외교관계를 맺으면서 중국과 일본의 해외송출 전문 기업들을 통해 하와이, 멕시코, 미국 본토로 이주가 시작되었다. 일제강점기에도 생업을 위한 일본 이민이 있었고, 해방 후에는 간호사와 광부들이 독일로 갔다. 한국의 경제가 나아진 후에는 경제적 풍요와 삶의 질, 자녀교육 등을 이유로 이민은 꾸준히 계속되었다. 전 세계 180개국에 거주하는 재외동포는 한국 국적을 가진 동포 270여만 명을 포함 750만 명(외무부, 2019 재외동포현황)으로 유대인, 중국인, 아일랜드인에 이어 세계 4위다.

세계가 하나가 된 지금 해외 각국에 퍼져 있는 우리 재외동포들은 현지의 민간외교관이며, 산업의 첨병 역할을 한다. 뿐만이 아니라 동포들의 활동 영역도 나날이 확대하고 있다. 미국에서는 하원의원에서부터 장관에 이르기까지 다양한 사회리더와 정치리더가 탄생했고, 프랑스에서는 3명의 장관이 배출되었다. 재외동포 경제인들의 모임인 '세계한상대회'는 국내 중소기업의 해외진출과 국내기업인 및 재외동포경제인 간의 비즈니스 교류를 지원하고 있다. 한국의 외교와 경제에 있어 재외동포들의 역할을 빼고 설명할 수 없을 만큼 규모가 커졌으나 이를 반영하는 정부시스템은 여전히 부족한 점이 많다. 그렇다면 어떻게 동포들과 함께 세계적인 한민족네트워크를 관리할 것인가? 유대인, 아일랜드인, 중국인의 모델을 따르든, 우리만의 새로운 모델을 만들든 전적으로 우리에게 달려 있다. 현재는 '재외동포재단'을 통해 한민족네트워크를 관리하고 있다. 하지만 새로운 모델이 필요하다. 외교부, 산업통상부, 법무부, 문화관광부, 교육부 등의 업무가 다르므로 업무를 통합하여 운영할 수 있도록 해야 한다. 그래서 새로운 정부조직으로 '재외동포청' 신설을 제안한다. 우리는 오랫동안 '이민청 또는 교포청'이라는 이름으로 정부 단위의 재외동포 참여체계를 논의해왔다. 이제는 결론을 내고, 다음과 같은 글로벌경영 방안을 담아야 한다.

먼저 이민사를 재정리하자. 국가별 대륙별로 이민의 역사를 정리하여 중요한 날을 기념일로 정하고, 국내외 한민족이 함께 기념하자. 대통령과 총리는 이 기념일 축제에 특사를 보내고, 달력에 기념일을 기록하여 한민족의 글로벌 현주소를 알 수 있도록 독려하면 좋을 것이다. 현재 '한인의 날'이 있으나 별도로 각국의 기념일에는 독립적으로 기념하도록 하자. 둘째, 한민족 교육문화 특구를 만들자. 세대가 지날수록 한민족 의식이 흐려질 가능성이 있으므로 다음 세대들이 한민족으로서의 자부심과 정체성을 유지할 수 있도록 부단히 교육에 힘써야 한다. 그런 교육 장소로 한국의 특정 지역을 선정하여 '한민족 교육문화 특구'로 만들어 운영할 수도 있다. 그리고 동포들이 언제든지 한국인 가정에서 한국인임을 체험하고 확인할 수 있는 '한스테이 제도'를 만들어 특구지역에서 운영하면 좋을 것이다

'재외동포청'이 신설되어 한민족이 하나의 네트워크로 연결되면 세계시장에서 역할은 물론 강대국 지위를 유지하는 데에도 힘이 될 것이다. 공간과 시간의 제약이 사라진 디지털시대이기 때문에 교포사회와의 협력은 큰 시너지를 만들 수 있다. 그런 면에서 국가의 영토를 넓히는 일, 특히 정보의 영토를 넓히는 일은 매우 중요하다. 고려시대 우리가 누렸던 반도 국가로서의 해양문명과 대륙문명의 순환축, 그 역할을 다시 실현하기 위해 강대국 모드로 전환하자.

'새로운 국가모델'의 시작

　원고를 쓰기 시작해서 탈고하기까지 세 번이나 정권이 바뀌었다. 최근의 통계나 몇몇 사례를 첨가했을 뿐 내용에는 크게 달라진 것이 없다. 한국 정치계가 정체되어 있었기 때문에 세계시장에서 치열하게 경쟁하고 있는 경제계와는 큰 간격이 생겼다. 한국에서는 조직관리, 득표관리만 잘하면 국회의원이 되고, 제로섬게임에서 승리하면 기득권 세력이 되어 분노와 증오의 정치를 이어 간다. 좌우로 나뉘어 줄다리기하느라 국가비전이나 국력은 뒷전이다. 멈춰 있다는 것은 후퇴를 말한다.

　한국은 후진국, 개발도상국, 중진국이라는 수순을 밟아서 여기에 왔다. 끊임없이 보수하고, 빠르게 전환했다. 그 결과 유럽국가들이 300년에 걸쳐 이룬 변화를 한국은 70년으로 압축했다. 당시에는 압축판을 만들기 위해 국가가 여러 분야를 개입했으나, 이제는 시대가 달라졌다. 주택시장의 예를 들어보자. 후진국 때는 민간건설시장이 형성되기 어려운 상황이었기 때문에 공공에서 마중물 역할로 대규모 주택건설사업을 시작했다. 하지만 이제 한국 주택건설산업은 민간이 주도해도 될 만큼 성장했다. 코로나19로 인한 주요 지역 봉쇄조치가 있었음에도 우리나라 기업의 2020년 해외

건설 수주액은 350억 달러에 이른다. 그런데도 한국은 후진국형 주택건설 시장을 이끌었던 LH가 주택시장을 주도하고 있다.

한국은 글로벌 스탠더드(세계적 표준)에 맞춰 국가를 다시 설계해야 한다. 글로벌 스탠더드를 채택해야 부강한 나라가 될 수 있다. 해외기업들이 벤치마킹 사례로 꼽고 있는 한국기업은 이미 글로벌 스텐더드가 되었다. 이처럼 기업은 날로 성장하는데 정치는 그저 세력 싸움에 여념이 없다. 최근에는 미래의 세력과 과거의 세력으로 나뉘는 양상이다. 그래서 중도세력층이 한국의 미래를 고민하면서 균형 잡힌 사고와 합리적인 행동을 하는 대표집단으로 등장한 것이다. 아마도 머지않아 이들이 한국을 이끌게 될 것이다. 강대국 코리아는 글로벌 스탠더드의 투명성, 다양성, 시장성이라는 핵심가치를 담보로 새로운 모델을 만들어야 한다. 이를 위해 이 책에 '3대 문화유산과 5대 국가전략'을 기술했다. 이 제안은 논의의 결과가 아니라 논의의 시작이다. 새로운 국가모델을 고민하게 만드는 물꼬를 트는 마중물이 되길 바란다.

코리아, 강대국 모드로 전환하라

초판 1쇄	2021년 8월 10일
초판 2쇄	2021년 8월 25일

지은이	황태규 박수진
펴낸이	이재교

편집디자인	이정은
GI 디자인	이덕우
제작	신사고하이테크(주)

펴낸곳	굿플러스커뮤니케이션즈(주)
출판등록	2013년 5월 7일 제2013-000136호
주소	서울시 마포구 서교동 458-20 4층
대표전화	02-6080-9858 팩스 0505-115-5245
이메일	goodplusbook@gmail.com
홈페이지	www.goodpl.net
페이스북	www.facebook.com/goodplusbook

ISBN	979-11-85818-47-4(03300)

· 본 책의 원고중 일부는 저자가 기존에 저술한 "포용한국으로 가는 길(시사저널, 2021)", "지역의
  시간(굿플러스북, 2018)"등 저서와 "코리아 강대국 모드로 전환하라(농촌진흥청, 2018)" 등 다
  양한 발표 자료 등을 기반으로 보완하고, 발전시켜 제작하였음을 밝힙니다